Angelika Schmitt / Michael Irion

Graffiti
Problem oder Kultur?

Angelika Schmitt / Michael Irion

Graffiti
Problem oder Kultur?

BEUST VERLAG

Die Deutsche Bibliothek – Cip-Einheitsaufnahme

Schmitt, Angelika / Irion, Michael:
Graffiti – Problem oder Kultur? / Angelika Schmitt/Michael Irion. –
München: Beust, 2001
ISBN 3-89530-051-9

1. Auflage Mai 2001

Copyright © 2001 der deutschen Ausgabe:
Beust Verlag, Fraunhoferstr. 13, 80469 München
www.beustverlag.de
Alle Rechte vorbehalten. Reproduktionen, Speicherung in Datenverarbeitungsanlagen, Wiedergabe auf elektronischen, fotomechanischen oder ähnlichen Wegen, Funk und Vortrag – auch auszugsweise – nur mit Genehmigung des Copyrightinhabers.

FOTOGRAFIE: Hardy Ehlerding, Michael Irion, Jörg Kühn,
Werner Liesenhof, Wolfgang Patra, Angelika Schmitt
LEKTORAT: Jürgen Bolz für GAIA Text, München
LAYOUTDESIGN, SATZ UND PRODUKTION: Yvonne Heizinger,
GAIA Text, München
UMSCHLAGDESIGN: Markus Härle für GAIA Text, München
DRUCK: Offizin Andersen Nexö, Leipzig

ISBN 3-89530-051-9

Printed in Germany

Inhalt

Vorwort **9**

1 Die Sprayer-Szene 13

Annäherung an die Sprayer-Szene 14
11. November 1998 –
die erste Begegnung mit Sprayern 14
Graffiti als Teil jugendkultureller Strömungen 18
Die Crew 20
Odem – eine Sprayerkarriere 21
Vom Toy zum Writer 22
18. November 1998 – Bestandsaufnahme 23
26. November 1998 – Treffen mit den DCA 24
Der King 25
Sind Graffitis Kunst? 28

Graffitis lesen und verstehen 31
Stilmerkmale 31

Einblicke in eine Subkultur 37
Dezember 1998 – Teambesprechung im Jugendamt 37
Stationen einer Sprayerlaufbahn 38
Illegales und legales Sprayen 43
Wettbewerb und Rivalität 44
Graffiti und Sucht 47
Daniels Geschichte –
ein Gespräch mit betroffenen Eltern 49
Innenansichten – ein Interview mit Sprayern 53
Abgrenzung durch Sprache und Kleidung 60

Aus der Illegalität in die Legalität –
Tipps für Sprayer 62

2 Erkundungen im schulischen und familiären Umfeld ... 67

Wer eigentlich sind diese Sprayer? ... 68
Besuch bei einer Schulleiterin ... 68
Wo sich Jugendliche aufhalten oder:
das Sozialökologische Raummodell ... 70

Männerbild und Familie ... 78
Gespräch mit einem Vater ... 78
Ist elterliche Vorsorge möglich? ... 86
Was heißt »Mannsein«? ... 87
Jugendkultur oder Jugendgang? ... 89

Verständnis und Vertrauen hilft – Tipps für Eltern ... 93

Flexibilität ist erforderlich – Tipps für Lehrer und Erzieher ... 95

3 Straf- und zivilrechtliche Aspekte ... 101

Besuch bei der Staatsanwaltschaft ... 102
Strafrechtliche Mündigkeit ... 102
Alternative Schadenswiedergutmachung ... 104
Strafrechtliche Würdigung nach dem Jugendgerichtsgesetz ... 105
Der Jugendprozess ... 110
Mögliche jugendrichterliche Sanktionen ... 111
Strafrechtliche Bestimmungen für Graffiti-Straftaten ... 112
Zivilrechtliche Forderungen an Graffiti-Straftäter ... 115
Gesetzliche Grundlagen versus Realität ... 118

Einheitliches Vorgehen ist erforderlich – Tipps für Juristen ... 122

Die Sichtweise der Polizei ... 123
Jugendsachbearbeiter ... 123
Jugendkontaktbeamte ... 123
Der Umgang mit Jugendlichen ... 124
Kriminalprävention ... 131
Die Anti-Graffiti-Konzeption des Landeskriminalamtes Nordrhein-Westfalen ... 135

Vernetzung tut Not – Tipps für die Polizeiarbeit ... 137

Inhalt

4 Das Schadensregulierungsprogramm ... 139

Kontaktaufnahme mit den Geschädigten ... 140
Geschädigte Unternehmen und Institutionen ... 140
Planung und Umsetzung konkreter Maßnahmen ... 144
Besichtigung der Schäden ... 145
Graffitis flößen Angst ein ... 146
Wann und warum haben Menschen Angst vor Kriminalität? ... 148
Treffen mit der DCA-Crew ... 150
Kontaktaufnahme mit geschädigten Privatpersonen ... 152

Resignation ist der falsche Weg – Tipps für Geschädigte ... 156

Tipps für geschädigte Institutionen ... 159

Der Einstieg in die Schadensregulierung ... 160
Konkrete Wiedergutmachung ... 161
Projektauswertung ... 167

Graffiti ist eine Herausforderung – Tipps für Sozialarbeiter ... 169

5 Das Dortmunder Pilotprojekt ... 171

Lexikon der Sprayer-Sprache ... 175

Kontaktadressen ... 180

Weiterführende Literatur ... 181

Bildnachweis ... 184

Register ... 185

Vorwort

Graffitis gehören seit vielen Jahren ebenso zum Bild deutscher Städte wie Fastfood-Restaurants, Fußgängerzonen und Blumenkübel. Allein – niemand hat sie in Auftrag gegeben, niemand weiß, wer sie gesprayt hat, niemand weiß, welche Botschaft sie vermitteln möchten.

Das Phänomen hat bisher dennoch kaum Eingang in die öffentliche Diskussion gefunden, allenfalls werden hin und wieder in den Feuilletons die künstlerischen Aspekte des Themas beleuchtet, und einige wenige Galeristen bieten Auftragsarbeiten zum Verkauf an. Wer sich darauf einlässt, die Botschaften und Codes zu entschlüsseln, erliegt schnell der Faszination dieser Bildwerke und entdeckt eine neue Welt.

Auf der anderen Seite betrachten die meisten Zeitgenossen Graffitis als boshafte »Schmierereien«, die in die Eigentumsrechte Dritter eingreifen und jährlich Schäden in Millionenhöhe verursachen.

Wer sich dem Problem nähert, stellt rasch fest, dass es nicht allein diese beiden Pole sind, die das Thema begrenzen. Die Graffiti-Bewegung ist Teil einer jugendkulturellen Strömung. Sie stammt aus den Großstädten der USA und verbreitet sich seit rund dreißig Jahren auch in Europa. In diesem Zeitraum haben sich die Ausdrucksformen und Stile weiterentwickelt, und die Zahl der Sprayer ist in Wellenbewegungen dramatisch angewachsen. Derzeit erlebt die Szene wieder einen Boom, wobei das Einstiegsalter der Jugendlichen ständig sinkt. Besonders in den Großstädten erreichen die Schadenssummen inzwischen astronomische Höhen.

Vor diesem Hintergrund erscheint die Graffiti-Bewegung als Problem, das weit über individuelles Fehlverhalten hinausreicht und die Notwendigkeit einer umfassenden Konfliktlösung deutlich macht. Wenigstens vier Gruppen sind zu nennen, die massiv mit den Auswirkungen des Sprayens konfrontiert sind:

- das familiäre und schulische Umfeld,
- die geschädigten Eigentümer von zugesprayten Wänden,
- Polizei und Staatsanwaltschaft und
- die Jugendämter bzw. die Jugendgerichtshilfe.

Jeder Versuch, sich dem Problem zu nähern, muss indes zunächst die Sprayer ins Zentrum der Aufmerksamkeit rücken:

- Welche Motive treiben sie zu ihren Aktionen?
- Welche Botschaften verbinden sie mit ihren Bildern?
- Welche Strukturen und Verhaltensregeln prägen die Szene?

Auf dieser Grundlage wurde das Dortmunder Schadenswiedergutmachungs-Programm ins Leben gerufen. Ziel war es, ein Verständigungsmodell zu entwickeln, das einen Dialog zwischen den einander unversöhnlich gegenüberstehenden Parteien ermöglicht. Und so trafen wir aufeinander – die Sozialarbeiterin des Dortmunder Jugendamtes und der PR-Fachmann des Dortmunder Büros für Presse- und Öffentlichkeitsarbeit. Die Resultate unserer gemeinsamen Arbeit haben wir in diesem Buch zusammengefasst:

- Zunächst möchten wir die Leser mit den Eigenheiten der Graffiti-Szene vertraut machen; nur wer die gesprochene Sprache und die Bildsprache der Sprayer versteht, ist in der Lage, sich gezielt einen Überblick über das Innenleben der Graffiti-Bewegung zu verschaffen.

- In einem zweiten Schritt werden die Auswirkungen auf das familiäre und schulische Umfeld dargestellt. Zum einen geht es darum, Ursachen für die Abkapselung der Jugendlichen zu ermitteln, zum anderen können nur mit diesem Verständnis Brücken gebaut werden, die eine Rückkehr der Jugendlichen in legale gesellschaftliche Zusammenhänge ermöglichen.

Vorwort

- Anschließend werden die strafrechtlichen und zivilrechtlichen Konsequenzen illegalen Sprayens erörtert. Dabei werden auch Verfahrensfragen angesprochen und Wege einer möglichen außergerichtlichen Einigung aufgezeigt.
- Die beiden letzten Kapitel widmen sich der Frage, wie ein Schadenswiedergutmachungs-Programm aussehen könnte, das alle Interessen berücksichtigt. In diesem Zusammenhang bringen wir die Erfahrungen aus unserer Arbeit im Dortmunder Pilotprojekt zur Sprache.
- Ein »Lexikon der Sprayer-Sprache« erläutert die einschlägigen Begriffe.
- Literaturhinweise und Kontaktadressen geben allen Beteiligten die Möglichkeit, weiter gehende Informationen zu erhalten und die Erfahrungen anderer zu nutzen.

Im Rahmen unserer Arbeit haben wir zahllose Gespräche und Interviews geführt, die wir hier zum Teil wiedergeben. Selbstverständlich haben wir hierfür die Namen aller Beteiligten geändert.

Wir wenden uns mit diesem Buch an alle Personen und Institutionen, die mit dem Problem illegalen Sprayens befasst sind – es soll Brücken schlagen und neue Sichtweisen eröffnen. Wir wissen, dass unser Ansatz keineswegs alle Polarisierungen beseitigen kann, aber wir hoffen, wichtige Anregungen zu geben und authentische Einblicke zu gewähren, damit ein erster Schritt zu mehr gegenseitigem Verständnis möglich ist.

Dortmund, im März 2001   Angelika Schmitt und
                                                                Michael Irion

1 Die Sprayer-Szene

Annäherung an die Sprayer-Szene

November 1998. Seit kurzem sind wir im Jugendamt der Stadt Dortmund Ansprechpartner für alles, was mit dem Thema Graffiti zu tun hat. Zu diesem Zeitpunkt wissen wir allerdings noch vergleichsweise wenig über das Innenleben der Sprayer-Szene.

11. November 1998 – die erste Begegnung mit Sprayern

Unser erster Tag im Graffiti-Schadenswiedergutmachungs-Programm beginnt. Wir wissen nicht, was uns erwartet, als das Telefon klingelt. Am anderen Ende meldet sich ein Mitarbeiter der Polizei und bittet uns, sofort auf die Polizeiwache zu kommen.

Als wir auf dem Revier eintreffen, verhören die Beamten fünf Jugendliche, deren Finger und Kleidung farbverschmiert sind. Auf dem Fußboden liegen voll bepackte Rucksäcke. Einer der Tische ist bedeckt mit Sturmmasken, Lackdosen, Sprühaufsätzen, Mal-Skizzen und einigen Edding-Textmarkern. Bald wissen wir, dass es sich dabei um die typische Standardausrüstung von Sprayern handelt.

Wir werden zunächst nicht wahrgenommen und beobachten die Situation. Einzelne Gesprächsfetzen dringen zu uns, aber was wir hören, klingt fremd für unsere Ohren.

Da ist die Rede von *bomben, crossen, tags, toy sein, crew* ... Wir verstehen nichts.

Während des Verhörs beginnen uns die Jugendlichen auf eine befremdliche Art und Weise zu faszinieren. Chris, einer der Jugendlichen, scheint der Anführer zu sein. Er ist groß, sehr schlank, trägt überdimensionale Hosen, einen weiten Pullover, natürlich Turnschuhe und ein Cappi.

Leidenschaftlich erzählt er von ihrer nächtlichen Aktion, aber wir bemerken deutlich auch die mitschwingende Angst.

Um 23.00 Uhr hatten sie sich im Park getroffen, um einen im Bahnhofsdepot abgestellten Zug zu bemalen. Alle waren voller Spannung und Abenteuerlust losgezogen. Das Gelände schien für die Aktion wie geschaffen. Auf dem spärlich ausgeleuchteten Areal standen die abgestellten Waggons dicht an dicht. Nirgendwo war ein Wächter zu sehen. Sie hatten das Gelände bereits in den Nächten zuvor beobachtet und wussten deshalb, dass regelmäßige Kontrollgänge nur zu jeder vollen Stunde durchgeführt werden. Von Sekunde zu Sekunde stieg ihr Adrenalinspiegel. Und so gingen sie ans Werk.

In dieser Nacht hatte Oswald Hillnhüter Dienst. Seit 35 Jahren arbeitet er bei der Bahn und hat dabei schon viel erlebt. Heute Nacht beschloss er, seinen Rundgang früher als sonst zu machen. Dabei folgte er mehr einer unbestimmten Ahnung als einem konkreten Verdacht. Doch dann traf es ihn wie ein Blitz, als er sah, was auf dem Gelände vor sich ging. Sofort verständigte er die Bahnpolizei, und wenige Minuten später war die nächtliche Aktion für die fünf Sprayer bereits beendet.

Nach der Festnahme wurden sie in Polizeigewahrsam genommen und erkennungsdienstlich behandelt. Fingerabdrücke wurden genommen, Fotos gemacht und zuletzt folgte noch eine Blutabnahme. Den Rest der Nacht hatten sie dann, getrennt voneinander, in einer Zelle verbracht. Mehrere Stunden waren seitdem vergangen, und den jungen Männern konnte man die Spuren der vergangenen Nacht deutlich ansehen.

Das Verhör hatte um 8.00 Uhr begonnen.

Nachdem alle Fakten abgeklärt waren und die Jugendlichen das Sprühen zugegeben hatten, hatte man uns angerufen.

Klaus Hansen, der leitende Polizeibeamte, bittet uns nach einigen Minuten, die Jugendlichen über die geplanten Maßnahmen des Jugendamtes aufzuklären. Und so kommen wir erstmals mit den Jugendlichen ins Gespräch.

DCA – Dortmunder City Artists

Zuerst wollen wir wissen, wie sie zum Sprayen von Graffitis kamen. Jonas, einer der fünf erzählt, dass er vor vier Jahren begonnen hat, sich dafür zu interessieren. Zunächst kaufte er Szene-Zeitschriften und fing an, *tags* auf Tapeten zu üben.

»Ich habe versucht, die Buchstaben schwungvoll aufs Papier zu bringen«, sagt er, »denn in der Szene ist es einfach so, dass es auch gut aussehen soll, wenn man später mal anfängt zu *taggen*. Deshalb habe ich erst einmal geübt. Mit dem *taggen* habe ich dann vor ungefähr einem Jahr angefangen. Da habe ich mir dann auch meinen Künstlernamen zugelegt. Dieses *tag* habe ich an irre viele verschiedene Stellen im Stadtgebiet gesprüht. Natürlich habe ich das meist gemeinsam mit meiner *crew* zusammen gemacht. Und das ging echt krass ab. Es gibt *crews*, die ausschließlich durch die Straßen gehen, um zu *bomben*, das heißt, in einer Nacht werden so viele *tags* wie nur möglich an Häuserwände gebracht. Andere wiederum wollen ständig neue *styles* ausprobieren, um sich so künstlerisch weiterzuentwickeln. Die Botschaft dabei bin immer nur ich, nichts anderes, und deshalb hinterlasse ich meinen Namen so oft als möglich.«

Jonas erzählt von nächtlichen Ausflügen und den internen Strukturen der Sprayer-Szene, die hierarchisch streng gegliedert und wettbewerbsorientiert ist. Wir sehen uns fragend an, denn wir verstehen wenig von dem, was Jonas da erzählt: Was ist eine *crew*? *Taggen* – was heißt das? Was bedeutet *fame*? Wie wird man *king*?

Jonas antwortet ausführlich, und so werden wir erst einmal aufgeklärt. Als er in der sechsten Klasse der Realschule ist, interessiert er sich zum ersten Mal für Graffitis. Er verbringt seine Freizeit mit Gleichaltrigen, gemeinsame Aktivitäten werden geplant. Alle hören die gleiche Musik, haben dieselben Vorbilder, und alle haben Schwierigkeiten mit ihren Eltern. Es geht ums abendliche Unterwegssein, die Höhe des Taschengeldes, die Erlaubnis, zu rauchen oder einfach um das erste Glas Bier.

Seine Freunde Chris, Matthias, Sven und David kennt er seit seiner Kindheit. Sie besuchen zusammen die Schule, sprechen über Probleme, und die gemeinsamen Streiche und Abenteuer schweißen sie zusammen. Abends treffen sie sich dann bei Chris, hören Musik, besprechen Songtexte und malen dabei ihre ersten Graffiti-Entwürfe. Sie definieren sich über die Hip-Hop-Bewegung. Bald sind die Graffitis der gemeinsame Nenner der Freunde und gleichzeitig entwickeln sie ihren *Crew*-Namen: DCA – die *Dortmunder City Artists* waren gegründet, und kurze Zeit später konnte man die ersten *tags* in der näheren Umgebung sehen. Von da an war dieses Pseudonym für die fünf Jugendlichen Teil einer gemeinsamen Geschichte.

Wir wollen wissen, was genau der Begriff *crew* bedeutet. Und so erfahren wir, dass sich Sprayer im Regelfall in Gruppen organisieren. Während die einen malen, stehen die anderen Schmiere. Ständig besteht die Gefahr, erwischt zu werden. Allein deshalb ist man aufeinander angewiesen. Außerdem kann sich ein Gruppenverband eher gegenüber den rivalisierenden *crews* behaupten. Jonas erklärt, dass die Szene wett-

Wird ein Bild übermalt (gecrosst), dann ist es entwertet.

bewerbsorientiert ist. Jeder will der Beste sein, und das führt zu Konflikten, die nicht immer gewaltfrei ausgetragen werden. Üblich ist, dass Konsequenzen folgen, wenn einzelne Mitglieder der *crew gedisst* werden oder ein Bild von einer anderen *crew* oder einem einzelnen Sprayer *gecrosst* wird.

Das Übermalen eines bereits bestehenden Graffitis nennt man *crossen*, und das Entwerten eines Bildes durch darüber gesprühte Worte wird als *dissen* bezeichnet. Die *crews* nehmen den Verlust an Ansehen, der durch *crossen* und *dissen* verursacht wird, nicht ohne weiteres hin. Zu schnell verliert man in der Szene sein Gesicht. Und das führt zum »Krieg« gegen die rivalisierende *crew*.

Während Jonas all das schildert, wird schnell klar, dass die Szene ein dynamisches Eigenleben mit entsprechenden Gesetzen und Regeln führt. Vieles ist neu, und zunächst ist eine intensive Auseinandersetzung mit den Sprayern notwendig, um überhaupt ein Schadenswiedergutmachungs-Programm starten zu können. Wir vereinbaren deshalb, das Gespräch eine Woche später fortzusetzen. In der Zwischenzeit wollen wir mehr über dieses Thema in Erfahrung bringen. Als wir gehen, werden die Jugendlichen nach dieser strapaziösen Nacht von der Polizei nach Hause gefahren.

Vier Tage später, nach unzähligen Telefonaten, unendlich viel Kaffee und eingehender Lektüre wissen wir schon wesentlich mehr.

Graffiti als Teil jugendkultureller Strömungen

Wer Graffiti einerseits ausschließlich unter künstlerischen Aspekten betrachtet oder andererseits nur die damit verbundene Sachbeschädigung beklagt, übersieht, dass es sich hierbei um eine Erscheinung handelt, die Teil der heutigen Jugendkultur ist. Wie viele Bereiche der Jugendkultur, so stammt auch das Graffiti-Sprayen ursprünglich aus den USA. Anfang der 80-er Jahre erreichte die Bewegung Europa und damit auch Deutschland.

Was aber sind das für Jugendliche, die Nacht für Nacht durch die Straßen ziehen, um diese eigenartigen, meist unverständlichen Namenszüge an den unmöglichsten Stellen anzubringen? Wie kommt es, dass diesen Jugendlichen das Sprayen so viel bedeutet? Und weshalb nehmen sie es in Kauf, dabei erwischt und sogar bestraft zu werden?

Die Gruppe – ein Schutzraum für Heranwachsende

Wie die bisherigen Untersuchungen zeigen, befinden sich die jugendlichen Sprayer in der so genannten Identitätsphase – eine Zeit der Experimente, der sexuellen Entwicklung und der emotionalen Selbstfindung. Das Ende dieser Phase wird erst mit dem Eintritt in das Erwachsenenalter erreicht.

Der Zugang zu Jugendkulturen und das Surfen zwischen den einzelnen jugendkulturellen Strömungen ist zwischen dem zwölften und fünfundzwanzigsten Lebensjahr ein wesentlicher Bestandteil des Alltags. Zunehmend gewinnt dabei die Gruppe an Bedeutung. Zusammen bereiten sich die Jugendlichen auf neue Aufgaben in der Erwachsenenwelt vor. Sie erleben Stärke und Selbstbewusstsein in der Gemeinschaft, also Eigenschaften, die der Einzelne bislang meist noch nicht vollständig besitzt. Zukunftsängste werden in dieser Zeit in der Clique aufgefangen. Es liegt nahe, dass Jugendliche ein gemeinsames Thema suchen, sich in Gruppen organisieren und über entsprechende Jugendkulturen definieren.

Weshalb Jugendliche aber gerade zur Graffiti-Szene Zugang finden, ist von verschiedenen Faktoren abhängig, die nur vage beschrieben werden können. Sicherlich sind Kreativität und die Lust am Neuen eine wesentliche Voraussetzung. Der Reiz des Verbotenen mag wohl auch ein Grund sein, um mit dem Sprayen anzufangen. Dabei spielt weder die Nationalität noch die Zugehörigkeit zu einer bestimmten Gesellschaftsschicht eine Rolle. Was aber alle miteinander verbindet, ist die Liebe zu den farbigen Buchstaben.

Die Crew

Für Sprayer hat die *crew* eine ganz besondere Bedeutung. Aber *crews* sind verwundbare Gebilde. Meistens haben sie nur für kurze Zeit feste Strukturen und eine überschaubare Hierarchie. Sie formieren sich oft neu, etwa wenn einer der *writer* aussteigt oder aber keine gemeinsame künstlerische Ebene gefunden werden kann. Die übrigen Mitglieder finden sich dann häufig an festen Szene-Treffpunkten und bilden wenig später eine neue *crew*. Nur wenige *crews* überdauern einen Zeitraum von mehreren Jahren. Es ist nicht ungewöhnlich, wenn *writer* gleichzeitig in mehreren *crews* malen oder aber immer wieder in neuer Zusammensetzung losziehen. Spannungen zwischen einzelnen Mitgliedern bleiben dabei natürlich nicht aus.

Für Szenefremde ist die Bedeutung einer *crew* nur schwer nachzuvollziehen, für junge Sprayer allerdings ist sie Familie und Freundeskreis in einem. Ihr inneres Gefüge ist vergleichbar mit den Strukturen, die man in jugendlichen Cliquen findet. Die Abgrenzung erfolgt über das gemeinsame Erleben und die Bewältigung von Alltagsproblemen, Abenteuerlust und Grenzerfahrungen; zur Tagesordnung gehört aber auch die Grenzübertretung.

Es geht um das Gefühl, aufgehoben und beschützt zu sein, um Ehre, Verschwiegenheit und die Wahrung von Anonymität. Die Gruppe stützt und hilft sich gegenseitig. Durch sie ist der Einzelne stärker. Die Mitglieder einer *crew* motivieren sich gegenseitig, jeder passt auf den anderen auf, das oberste Gebot heißt »Vertrauen«: Für die *crew* setzt man sich ein. Dabei unterliegt alles einem strengen Ehrenkodex. Dazu gehört auch ein eigenes Sicherheitssystem, das einen gewissen Schutz garantieren soll. Bestandteile dieser Vorschriften sind eine verordnete Isolation und die Anonymität gegenüber anderen *writern*. Das Auftreten im Verband wird vermieden, und das Thema Graffiti wird nur ganz allgemein mit anderen Jugendlichen besprochen. Resultat dieser Abgrenzung ist eine Mystifizierung, die an die Geheimbünde vergangener Jahrhunderte erinnert. Es ist daher sehr häufig festzustellen, dass die jungen Sprayer in einem Spannungsverhältnis zwischen selbst entwickelten Verschwiegenheitsregeln und einem enormen Mitteilungsbedürfnis leben. Die strikte Abgrenzung gegenüber anderen Jugendlichen ist zugleich ein Hinweis, dass die Aufnahme in eine *crew* ein schwieriger und in der Regel lang andauernder Prozess ist.

Diese Merkmale gelten für alle *crews*, selbst wenn sie nur lose Zusammenschlüsse sind.

Die *crew* gewinnt insbesondere dann an Bedeutung, wenn die Lebensumstände eines Jugendlichen keinen festen Regeln folgen. Dann erfüllt sie die Aufgabe des Familienersatzes. Bei vernachlässigten, ungeliebten Jugendlichen oder Scheidungskindern, aber auch bei Heranwachsenden, deren Familien große Spannungspotenziale aufweisen und/oder durch krank machende Beziehungsgeflechte geprägt sind, wird die *crew* oftmals zum stabilisierenden Element für die alltägliche Lebensbewältigung.

Odem – eine Sprayerkarriere

In seiner Biographie »On The Run« beschreibt Odem seinen familiären Hintergrund (Jürgen Deppe: Odem – On The Run; siehe »Weiterführende Literatur«):

Seine Eltern führen ein Leben voller Entbehrungen. Aus Kroatien eingewandert, lebt die vierköpfige Familie – finanziell stets am Existenzminimum – in einer winzigen Wohnung, isoliert und überangepasst. Allein der katholische Glaube und die Zugehörigkeit zur kroatischen Gemeinde schafft Beständigkeit im Leben der Eltern. Reibereien zwischen den Familienmitgliedern bleiben nicht aus, und es kommt sogar zu handgreiflichen Auseinandersetzungen.

»Meistens stand mein Vater noch eine Weile vor der Tür, wenn er meinte, dass ich mal wieder was falsch gemacht habe und er mich geschlagen hatte ... Hinter meiner Zimmertür lag die Küche, in der ich meine Eltern ständig streiten hörte, ständig. Oft ging es dabei um mich. Es war nicht schwer, ihre Erwartungen zu enttäuschen.«

Aus dieser für ihn belastenden Situation bricht Odem letztlich aus und orientiert sich mit dreizehn Jahren neu. Die so schmerzlich vermisste Geborgenheit glaubt er in einer *crew* zu finden.

Vom Toy zum Writer

Jonas und seine Freunde hatten sich in der Schule gefunden und besaßen so die Möglichkeit, ihre eigene *crew* zu gründen. Aber relativ schnell suchten sie Kontakt zu einer bereits in der Szene anerkannten Gruppe. Hierdurch hofften sie einen besseren Ruf zu bekommen. Die etablierten *crews* sind indes nur schwer ausfindig zu machen, und eine Aufnahme in bestehende Verbände ist, wie bereits gesagt, generell schwierig. Unsere fünf Jugendlichen suchten lange nach entsprechenden Kontakten, und als sie es endlich geschafft hatten, wurden sie als *toy* bezeichnet und abgelehnt.

Werden Graffitis mit dem Wort »toy« übermalt, ist das eine Kampfansage.

Wörtlich übersetzt bedeutet *toy* Spielzeug, und eigentlich sagt das schon alles. Ein Anfänger kann damit vielleicht noch leben, ein bereits lange aktiver Sprayer aber verliert dadurch sein Gesicht. Manchmal werden die *tags* von anderen *crews* abgelehnt, weil sie den Ansprüchen nicht genügen, und mit dem Wort *toy* übersprüht. Beides ist eine Kampfansage.

Sicher, auch Jonas und seine *crew* haben, wie im Prinzip jeder einzelne Sprayer, als *toy* angefangen. Und darüber sind sich alle Anfänger auch im Klaren. Bei den ersten Sprühversuchen passiert es häufig, dass die *outlines* verlaufen oder die Buchstaben nicht mit genügend Schwung angebracht werden. Das ist völlig normal. Aber spätestens jetzt wächst der Wunsch, perfekt zu werden. Es ist üblich, dass Sprayer ihre Laufbahn mit dem *biten* bekannter *writerstyles* beginnen. Das bedeutet nichts anderes, als gekonnte Vorlagen zu kopieren. Für den Aufstieg muss ein *toy* diese Phase überwinden und durch eigene künstlerische Kreativität einen für ihn typischen *style* erarbeiten. Derjenige, dem dies auch nach längerer Zeit nicht gelingt, steigt meist aus der Szene aus. Hat ein junger Sprayer das Pech, gerade in der Anfangszeit von der Polizei aufgegriffen zu werden, ist er *geoutet*: Seine Anonymität ist durch das Aufdecken des Pseudonyms aufgehoben, und der Sprayer ist als *toy* entwertet. Also muss er eine neue Identität finden, oder aber er verwendet ein bereits bestehendes Pseudonym.

18. November 1998 – Bestandsaufnahme

Nach unserem ersten Kontakt mit den von der Polizei aufgegriffenen jungen Männern verschaffen wir uns einen Überblick über die Zahl der vorhandenen Graffitis. Hierfür begeben wir uns auf Besichtigungstour quer die Stadt. An unzähligen Stellen finden wir Schriftzüge auf Häuserwänden, *tags* auf Laternen, Containern und an fast allen Bushaltestellen, und wir stoßen auch auf eine von vorn bis hinten vollständig besprühte S-Bahn. Auffällig ist, wie viele unterschiedliche *tags* zu sehen sind. Auch das Kürzel »DCA« taucht mehrfach auf. Ein Gebäude ist vollständig mit Schriftzügen übersät. Für ein Gespräch machen wir den Hausbesitzer ausfindig.

Gepräch mit einem Geschädigten

Nach kurzer Zeit lernen wir auf diesem Wege Herrn Bergmann kennen, ein Mann mittleren Alters, der uns zunächst sehr zurückhaltend begegnet. In den vergangenen Jahren war sein Haus mehrfach besprüht worden, und jedes Mal hat er die »Schmierereien«, wie er die *tags* nennt, entfernen lassen. Zwischen dem Anbringen und dem Entfernen der Graffitis lagen jeweils mehrere Monate. Nun war es wieder einmal so weit. In der zurückliegenden Woche hatten unbekannte Sprayer erneut die ganze Fassade zugesprüht. Herr Bergmann ist sichtlich empört und erwartet, dass die Verursacher den Schaden wieder in Ordnung bringen. Allerdings ist das aus seiner Sicht ein nahezu unerfüllbarer Wunsch. Nachdem wir ihm abschließend den Rat geben, den Schaden zu fotografieren und bei der Polizei anzuzeigen, hinterlassen wir unsere Visitenkarte.

26. November 1998 – Treffen mit den DCA

Wir treffen die Jungs wie vereinbart in einem Café. Jonas fehlt, weil er Mathe pauken muss. Wir wollen weitere Einblicke in die Szene erhalten und berichten von unserem Streifzug durch die Stadt. Sie lachen. Doch vergleichsweise schnell kommt ein ernstes Gespräch in Gang, und sie erzählen bereitwillig ihre Geschichte. Sie sind natürlich alles andere als glücklich darüber, dass sie bei ihrer letzten Aktion erwischt wurden. Dabei hatten sie doch alles bis ins letzte Detail geplant und sogar vorher die Gegend erkundet. Dass die Operation auf der Polizeiwache enden würde, hatten sie nicht im Traum erwartet.

In dieser Nacht hatten sie nur ein Ziel im Auge: *getting fame* – Ruhm und Anerkennung in der Sprayer-Szene zu erlangen.

Es ging darum, ein großes *masterpiece* zu malen, ihren ersten Zug zu *bomben*, das erste *piece* auf einer *hall of fame* zu hinterlassen, um endlich als *kings* Anerkennung zu finden.

Nur gute Sprayer dürfen ihre Spuren auf einer »hall of fame« hinterlassen.

Der King

Wir fragen die Jugendlichen, was genau ein *king* ist. Sie erzählen uns, dass jeder Sprayer das Ziel verfolgt, als *king* zu gelten. Das Prädikat *king* ist die höchste Auszeichnung, die die Sprayer-Szene zu vergeben hat.

Die *tags* eines *kings* sind in nahezu allen Stadtteilen seiner Heimatstadt zu lesen. Es gibt kaum eine Straße, in der er seine Spuren noch nicht hinterlassen hat – und alle im Umkreis aktiven *writer* wissen, dass ein *king* in ihrem Revier unterwegs ist. Nur ein *king* darf ungestraft die *tags* anderer, unbedeutenderer Sprayer übermalen. Mit ihm messen sich nur die Besten.

Die Namenszüge eines *kings* sind auch auf den Autobahnbrücken der näheren Umgebung zu finden. Ein *king* hat den Mut, seine *tags* selbst an den schwierigsten Stellen anzubringen. Wenn er einen Zug bemalt – was nur den besten und aktivsten Sprayern vorbehalten bleibt – ist er von euphorischen Gefühlen erfasst, denn das ist die Krone des Sprühens.

Chris erzählt uns, dass die *crews* der *kings* immer zusammen bei den *jams* auflaufen und dabei Aufsehen erregen.

Da wir wissen, wie wichtig Anonymität bei den Sprayern ist, fragen wir die Jugendlichen, woher sie die *kings* kennen.

»Die Namen der *kings* werden vorsichtig und voller Anerkennung von Mund zu Mund weitergegeben, wie bei dem Spiel ›Stille Post‹«, sagt Jonas. »Hat man einen *king* gesichtet, bittet man ihn um einen Eintrag in das eigene *blackbook*. Das Ganze ist vergleichbar mit der Autogrammstunde berühmter Stars. Aber *kings* schreiben nur in die *blackbooks* der Sprayer, die sie auch als wertig empfinden. Wir Sprayer nutzen dann natürlich die Gelegenheit, unsere *blackbooks* mit den *styles* der *kings* signieren zu lassen. Das bedeutet eine Aufwertung in der Szene.«

Matthias erklärt uns, dass es immer mehrere *kings* in einer Stadt gibt, und manchmal bilden sie die *crew* der Besten.

»Natürlich gibt es da auch die Kehrseite, denn wer in der Szene einmal *king* war, muss ständig damit rechnen, dass ihm dieser Titel jederzeit von Nachwuchssprayern streitig gemacht werden kann. Da sich die Graffiti-Szene ständig verändert, muss ein *king* wachsam sein und über eine gute Beobachtungsgabe verfügen. Er muss ständig unterwegs sein und wissen, welche Sprayer in der Stadt sind, wer sich ausbreitet, wer seine ersten ernst zu nehmenden Bilder malt und wer es wagt, ihn, den *king*, zu *crossen*. Wer im Wettkampf unterliegt, verliert auch seine Königskrone, da ist die Szene absolut unbarmherzig.

Writer, die *king* werden wollen, bauen oft über längere Zeit Kronen oder Heiligenscheine in ihre Bilder ein. Dieses gestalterische Mittel signalisiert Selbstbewusstsein und ist eine Herausforderung für die anerkannten *kings*.«

Annäherung an die Sprayer-Szene

Königskronen symbolisieren den Wunsch, König zu werden, oder sie zeigen, dass der Sprayer bereits »king« ist.

Wir fragen, wann ein *king* aussteigt und was er anschließend macht.

»Wenn ein *king* den Platz für einen jungen Nachwuchssprayer räumt, erfolgt das sicherlich durch den natürlichen Generationenwechsel. Die *styles* haben eine andere Gestalt angenommen und verändern sich ständig weiter. Klar, man zollt den *oldschoolern* weiterhin Respekt. Ich denke, manche *kings* sind aus persönlichen Gründen ausgestiegen, andere versuchen irgendwann, legal zu sprayen. Ich kenne *kings*, die Szeneläden eröffnet haben und dann entweder *fanzines* herstellen oder verkaufen. Da gibt es auch die richtige Kleidung für uns, Spraydosen und solche Sachen.«

Auf dem Haus von Herrn Bergmann war uns das Kürzel »DCA« mehrfach aufgefallen, und weil wir den Eindruck haben, dass uns die vier darüber Auskunft geben, möchten wir wissen, was sie dazu sagen.

»Also, uns geht es um die *message*, wir wollen einfach nur unsere *styles* verbreiten, bekannt werden. Alles dreht sich um die Buchstaben. Schädigen wollen wir damit niemand.«

Sind Graffitis Kunst?

Jede Zeit hat ihre eigenen Ausdrucksformen. Oft erregt das, was später als künstlerische Formensprache einer Epoche anerkannt wird, zur Zeit ihrer Entstehung den Argwohn der Zeitgenossen. Das mussten viele Künstler, vor allem seit dem Ende des 19. Jahrhunderts, schmerzhaft erfahren, als sie sich vom Gegenständlichen lösten und Abstraktionen entwickelten, die dem gängigen »Sehen« zuwiderliefen. Auch Keith Haring, einer der Graffiti-Vorläufer, war nicht immer unumstritten. Heute, einige Jahre nach seinem Tod, gilt er als einer der wegweisenden Künstler des späten 20. Jahrhunderts. Das wohl bekannteste Beispiel für Graffiti-Kunst im öffentlichen Raum war die Berliner Mauer – zahlreiche Motive waren in Reiseführern abgebildet oder schafften es gar, auf Kunstpostkarten vervielfältigt zu werden. Und nach dem Fall der Mauer setzte ein Run auf die begehrtesten Stücke ein.

Muss man Graffitis also unter künstlerischen Aspekten betrachten? Verstehen sich die Sprayer als Künstler? Werden die Botschaften, die über Graffitis verbreitet werden, künstlerischen Ansprüchen gerecht?

Die Antworten auf diese Fragen fallen uneinheitlich aus. Zunächst gilt, dass eine große Anzahl von Graffitis keine Kunstwerke im engeren Sinn darstellen; sie folgen weder einer Bildsprache, die übergeordnete Deutungen zulässt, noch sind sie mit künstlerischen Absichten entstanden.

Aber wie verhält es sich mit den großen, aufwändigen Graffitis, deren Farbenpracht und Harmonie beeindrucken? Die Kreativität und Expressivität dieser Bildwerke können nicht bestritten werden. Sie sind ein Symbol für den Wunsch nach Individualität in einer Gesellschaft, die in sich selbst zerfällt. In einer Zeit, in der sich alles rasend schnell verändert, in der die Dinge scheinbar keinen gültigen Wert mehr besitzen, macht sich Endzeitstimmung breit. Vielleicht ist das die zentrale Botschaft, die uns Graffitis vermitteln.

Annäherung an die Sprayer-Szene

Ein wesentlicher Unterschied zur konventionellen Kunst besteht darin, dass Graffitis in der Regel nur über einen kurzen Zeitraum bestehen. Dies mag zum einen daran liegen, dass viele Graffitis nach ihrer Entstehung rasch überstrichen bzw. entfernt werden. Zum anderen haben aber auch die Farben nur eine begrenzte Haltbarkeit: Die Bilder sind der Witterung ungeschützt ausgesetzt und verblassen im Lauf der Zeit.

Wie vergänglich die Qualität von Graffitis ist, zeigt dieses Beispiel aus der Berliner Mauer; das Graffiti schmückt heute die Einfahrt eines Unternehmens.

Mittlerweile haben selbst etablierte Galerien das Vermarktungspotenzial von Graffitis erkannt. Hier werden die Bilder auf Leinwand zwar teuer gehandelt, aber so gleichzeitig langfristig erhalten. Dennoch gilt, dass der Großteil der Sprayer keine kommerziellen Absichten verfolgt.

Auch wenn Graffitis von einer Minderheit heute als Kunstwerke gehandelt werden und sich einige Werbeagenturen ihrer Bildsprache bedienen, für die Mehrheit der Bevölkerung zählt nur eine Frage: Wurden sie legal oder illegal gesprayt?

Die zunehmende Zahl an ehemals illegalen Sprayern, die heute mit Graffitis ihren Lebensunterhalt durch legale Auftragsarbeiten verdienen, beweist, dass die Szene gespalten ist.

Der Hamburger Daim zum Beispiel bezeichnet sich selbst als Künstler und will langfristig auch als solcher anerkannt werden. Ihm geht es um Auftragsarbeiten, die aber seiner Kreativität und Unabhängigkeit nicht schaden dürfen. Eine generelle Vermarktung von Graffitis in der Werbung sieht er jedoch kritisch. Ihm ist wichtig, dass Graffiti Jugendkunst bleibt. Legale Auftragsarbeiten schaden der Bewegung nicht, da sie die Akzeptanz für die Arbeit der Sprayer fördern. Allerdings sollte sich ein Sprayer nicht unter Wert verkaufen und nicht ausschließlich mit seiner Kunst Geld verdienen wollen. Unabhängig davon ist in den Augen von Daim auch illegales *taggen* Kunst.

Die weitaus meisten Sprayer indes sehen sich ausschließlich als Teil einer großen, gemeinsamen Bewegung. Von kommerziellen Künstlern, die ihre Werke in Galerien und Museen ausstellen, grenzen sie sich bewusst ab.

Als wir Chris danach fragen antwortet er: »Diese Frage stellt sich für mich nicht! Ich will nur mein Revier markieren, Teil der Szene sein. Es ist irre, vor seinem *tag* zu stehen und zu sehen, was aus Buchstaben zu machen ist. Manche haben da echt total geile *styles* entwickelt.«

Graffitis lesen und verstehen

Die ideelle Heimat aller Sprayer ist New York. Dort lag in den 70-er Jahren das Mekka der Sprayer-Szene, und dort wurde die Basis für alle im Folgenden beschriebenen Stilelemente von der ersten Generation junger Sprayer geschaffen. Sie werden heute *oldschooler* genannt, ihnen zollt man noch immer Respekt. Sie entwickelten die grundlegenden Kategorien der Graffiti-Bildsprache, wobei jeder New Yorker Stadtbezirk seinen eigenen typischen Stil hatte.

Seit Anfang der 80-er Jahre wurden diese Stilelemente in Europa übernommen und den eigenen Verhältnissen angepasst. Die Folge ist eine wahre Flut unterschiedlicher kreativer Stilentwicklungen. Auch bei der ersten europäischen Generation spricht die Szene respektvoll von *oldschoolern*.

Stilmerkmale

Nachfolgend werden die grundlegenden Formen und Stile der Graffiti-Bildersprache vorgestellt. Sie zu kennen und zu erkennen, ist eine wesentliche Voraussetzung für alle, die Zugang zur Szene suchen und sich einen Überblick verschaffen wollen.

Styles

Wenn Sprayer von *styles* sprechen, ist in der Regel nicht der eigene Stil gemeint. Es geht vielmehr um Grundstilrichtungen.

Sprayer entscheiden sich erst einmal für einen bestimmten *style* und suchen dann langfristig eigene Interpretationen. Die Entscheidung für einen bestimmten *style* erfolgt rein subjektiv: Jeder wählt den *style*, der ihm am besten gefällt.

Blockbuster

Blockbuster sind gut lesbare Blockbuchstaben; selten erfolgt eine Ergänzung durch zusätzliche gestalterische Elemente. Die Proportionen werden manchmal verschoben oder die Balken verlängert. Aber jeder Buchstabe ist in sich stabil und blockig, wodurch er sich wunderbar für größere *pieces* eignet. *Blockbuster* werden überall dort angebracht, wo das Graffiti schon von weitem erkennbar sein soll (z. B. Dächer, Züge, *halls of fame*, Schallschutzmauern oder Autobahnbrücken). Für diesen Zweck sind andere Stilrichtungen, die den einzelnen Buchstaben mehr verfremden, ungeeignet.

Gecrosster Blockbuster von ZODIAC; Blockbuster sind gut zu lesen – auch von weitem.

Bubbles

Bubbles sind aufgeblähte Buchstaben, die mehr oder weniger schwer lesbar sind: Sie sind rund und gehen häufig ineinander über. Was steckt dahinter? *Bubbles* sind mit ausreichend Schwung schnell zu sprühen. Sie werden häufig für *throw ups* auf Hauswänden, Zügen und Mauern verwendet.

Bubbles sind weit schwerer zu entziffern als Blockbuster.

Simplestyle

Ebenso beliebt ist der *simplestyle*. Die Buchstabenfolgen, eine Mischung aus *blockbustern* und *bubbles*, sind gut lesbar. Der einzelne Buchstabe ist nicht mehr blockig, sondern wirkt filigran. Häufig sind die gewohnten Proportionen verschoben.

Semiwildstyle

Die Weiterentwicklung der genannten Stile ist der *semiwildstyle*. Einzelne Buchstaben werden stark verfremdet und mit Balken, Pfeilen oder Farbeffekten versehen. Der Betrachter wird auf diese Weise leicht irregeleitet, da es ihm schwer fällt, einzelne Buchstaben zu erkennen. Graffitis im *semiwildstyle* verraten aber – bei genauem Hinschauen – den Namen des Urhebers, denn die *writer* signieren ihre *semiwild-pieces* am Rand mit ihrem *tag*.

Wildstyle

Die konsequente Weiterentwicklung des *semiwildstyle* ist der kreative *wildstyle*. Hier ist alles möglich und alles erlaubt. Die Buchstaben sind bis zur Unkenntlichkeit verfremdet. Buchstaben, Effekte, Pfeile, Serifen und andere Gestaltungselemente: Alles fließt zu einem einheitlichen Bildwerk ineinander. Nur der *writer* selbst kennt das Zusammenspiel der Buchstaben. Es ist wie bei einem Rätsel, denn selbst erfahrene Sprayer stehen vor den *pieces* und können die Buchstaben oft nicht entziffern. Der Beobachter ist auf die *tags* und die Jahreszahlen, die irgendwo im *piece* versteckt sind, angewiesen, um den Buchstabencode zu entschlüsseln.

Wenn Graffitis überhaupt als Kunst begriffen werden können, so trifft das auf jene Bilder zu, die im *wildstyle* gesprayt sind.

Characters

Oft sind den großen *pieces* entweder innerhalb oder als Abschluss *characters* beigefügt. In der Vergangenheit sah man hauptsächlich Comic- oder Cartoonfiguren.

Aber auch hier ist die Entwicklung vorangeschritten. Die Sprayer haben für ihre *characters* einen persönlichen Stil entwickelt.

Häufig werden für die Hip-Hop-Szene typische B-Boy-Figuren in Szenekleidung und realistischen Kampfsituationen dargestellt, die den Willen nach Selbstbehauptung und Anerkennung dokumentieren. Aber es tauchen auch Musik-, Film- und Sciencefictionstars, Lieblingsfotografien und manchmal sogar Kopien alter Meister als künstlerisches Element auf.

Um ein Graffiti noch wirkungsvoller erscheinen zu lassen, werden characters eingebaut.

Messages

Sprayer, die ihren persönlichen, unverwechselbaren Stil gefunden haben, ergänzen großformatige Wandbilder oder Bilder auf Zügen mit zusätzlichen Botschaften. Der *writername* ist immer zu finden, manchmal auch der *crewname* und das Erstellungsdatum.

Wenn ein *writer* darauf aufmerksam machen will, wie lange er für sein Bild benötigt hat, wird er das etwa durch den Hinweis »10 Minuten« verdeutlichen. Oft wird der Name der Freundin oder ein Gruß an Freunde oder Vertraute in die Buchstabenkombination integriert. Viele Sprayer bringen ihren Respekt vor den *kings* zum Ausdruck, indem sie deren Namen neben oder über das Bild schreiben.

Manchmal werden den Bildern aber auch persönliche Einstellungen zu bestimmten Themen, Mitteilungen an die Polizei oder Gedankenblitze hinzugefügt.

Graffitis enthalten oft characters oder massages.

Kommen alle Elemente zusammen (Buchstaben, *characters* und *messages*, ergibt das ein *masterpiece*, das in der Szene sehr hoch bewertet wird. Sogar szenefremde Betrachter, die Graffitis oftmals grundsätzlich ablehnen, erleben derartige *masterpieces* als Gesamtkunstwerk.

Einblicke in eine Subkultur

Um einen Lösungsansatz zu entwickeln, versuchen wir das Phänomen »Graffiti« nicht isoliert zu betrachten, sondern in einen Gesamtzusammenhang einzuordnen, der die Entwicklung jugendlichen Selbstverständnisses berücksichtigt.

Dezember 1998 – Teambesprechung im Jugendamt

Wir sitzen mit acht Kollegen aus den Bereichen Jugendgerichtshilfe, Jugendarbeit und allgemeiner Familienbetreuung zusammen und berichten über unsere bisherigen Erkenntnisse, um Wissen auszutauschen und alle auf einen einheitlichen Kenntnisstand zu bringen. Anschließend sollen grundlegende Aspekte einer Lösungsstrategie erarbeitet werden.

In diesem Zusammenhang stellen wir unseren Kollegen die »Shell Studie 2000« vor, eine Untersuchung zum Freizeitverhalten und Medienkonsum Jugendlicher. Unter 14 abgefragten Aktivitäten erscheint das Lesen überhaupt nicht mehr. Das heißt, dass Lesen unter Jugendlichen nicht mehr als zeitgemäß gilt. Den Großteil ihrer Freizeit sitzen die Kids vor dem Bildschirm, wobei es die deutschen Jugendlichen unter der Woche täglich auf durchschnittlich 153 Minuten, am Wochenende sogar auf 225 Minuten bringen. Bei den in Deutschland lebenden türkischen Jugendlichen läuft die Flimmerkiste unter der Woche sogar 163 Minuten und am Wochenende 252 Minuten.

Das Freizeitverhalten dieser Jugendlichen ist offensichtlich von passivem Konsum geprägt. Sprayer hingegen pflegen eine aktive und intensive Auseinandersetzung mit Sprache und Schrift. Alles dreht sich um den treffenden Ausdruck und die künstlerische Gestaltung von Schriftzeichen. Je länger ein Jugendlicher in der Szene bleibt, um so leidenschaftlicher variiert oder gestaltet er seine Buchstabenfolgen.

Woher also kommt bei den Jugendlichen diese Begeisterung für Graffiti?

Diese Frage ist leicht zu beantworten: Alles beginnt mit dem Lernen des Alphabets. Millionen von Schulbänken und Stühlen zeugen von den ersten zaghaften Versuchen, sich durch Buchstaben, Initialen oder später durch Liebesbotschaften zu verewigen.

Die Graffiti-Sprayer kultivieren dieses Verhalten, indem sie Buchstaben kunstvoll zusammenfügen und an allen denkbaren Stellen hinterlassen. Einige unserer Kollegen fragen nach dem Sinn dieses Verhaltens, und mit ihrem Unverständnis sind sie sicher nicht allein. Doch ohne die Codes der Szene zu kennen, ist dieses Unverständnis nicht auszuräumen. Also versuchen wir die anderen fit zu machen und bestehende Defizite auszuräumen. Die folgenden Fragen stehen dabei im Mittelpunkt der Diskussion:

- Wie verläuft eine typische Sprayerkarriere?
- Gibt es Möglichkeiten, legal zu sprayen?
- Welche Beziehungen haben Sprayer-Crews untereinander?
- Kann das Sprayen von Graffitis als Sucht bezeichnet werden?
- Welches Selbstverständnis haben Sprayer?

Stationen einer Sprayerlaufbahn

Sprayer hinterlassen mit ihren Schriftbildern unverwechselbare Visitenkarten. Entweder ist es der eigene Sprayername oder aber die Abkürzung für die Bezeichnung einer *crew*. HCT bedeutet »Hate Clean Trains«, RTA steht für »Real Transit Artists«. Diese *writingnames* haben aber weder eine besondere Bedeutung noch einen tieferen Sinn.

Bei weitem nicht jeder Buchstabe eignet sich gleichermaßen für Graffitis. Jede Zusammensetzung hat eine eigene Dynamik und ein eigenes Aussehen. Es gibt einbeinige Lettern wie F und T, zweibeinige wie A, H oder K und Buchstaben mit einer ebenen Grundfläche wie L, E oder Z. Aufgrund ihrer Rundungen gelten das O und das C als besonders schwierige Buchstaben. Menschen, die Buchstaben unter solchen Gesichtspunkten betrachten, wirken auf den ersten Blick befremdlich, und ihr Handeln erscheint rätselhaft.

Ein *writer* hatte uns vor wenigen Wochen seinen Entwicklungsprozess beschrieben: »Anfangs malte ich voll schräge Katastrophenbilder, das ist bei allen so. Es war aber schon endgeil, nach einer Weile die unterschiedlichen Lacke und Sprühköpfe zu kennen.«

Bis zum Malen des ersten Bildes ist es dann ein langer Weg.

Wer schon einmal junge Sprayer beobachtet hat, konnte eventuell feststellen, wie aufmerksam sie durch die Straßen gehen und fasziniert die Schriftzüge betrachten. Sie versuchen zunächst, die Buchstaben zu entziffern und rätseln, wer oder was hinter diesen Kürzeln und Zeichen steht. Hierfür bedarf es eines geschulten Blicks.

Oft beginnt die eigene Sprayerlaufbahn mit dieser ersten bewussten Wahrnehmung der tags. Freunde und Mitschüler werden jetzt unter völlig neuen Gesichtspunkten betrachtet.

Jeder Sprayer besitzt ein blackbook.

Wer gehört zur Szene und wer kann gut malen? Vor allem Mitschüler, die ihre Skizzen in ihr *blackbook* malen, werden bewundert.

Schon das Zuschauen vermittelt das Gefühl für eine gute Linienführung und exakte Schwünge. Bis zum ersten eigenen *tag* ist es dann meist nicht mehr weit. Ein Jugendlicher, der lange genug Mitschüler und Freunde bewundert und ihnen so Respekt gezollt hat, beginnt irgendwann mit Eddingstiften *tags* auf Papier zu zeichnen.

Jetzt wird das erste *blackbook* angeschafft, ein gebundenes Heft mit schwarzem Einband, in dem ausschließlich *tags* und Skizzen geübt werden. Diesem Buch werden die neuesten, kreativen Entwürfe anvertraut. Sprayer lassen aber auch andere *writer* in ihr *blackbook* malen und vergleichen dann die unterschiedlichen Stile und ihre Kombinationen.

Weitere Anregungen findet der Jugendliche in den *fanzines*, an denen er sich orientiert. Mittlerweile sind verschiedene Zeitschriften auf dem Markt, die alle nur die kommerzielle Vermarktung der Szene fördern. Sie informieren über aktuelle Trends und *styles*, werben für die augenblicklich angesagte Sprayerkleidung, zeigen Fotografien von besprayten Zügen und so genannten *masterpieces*. Durch diese Fotos findet der Nachwuchssprayer Motive für seine ersten Versuche, mit Lack zu sprühen.

Jeder, der schon einmal mit Lacken gearbeitet hat, kennt die Tücken von Spraydosen: Mangelnde Technik führt zu unansehnlichen Blasen, hässlichen Farbverläufen und unsauberen Linien.

Anfänger müssen zunächst lernen, dass *fat-caps* nur zum Füllen eines Buchstabens geeignet sind und *skinny-caps* nur für die *outlines*, also die Begrenzungslinien verwendet werden. Der richtige Schwung ist in dieser Übungsphase besonders wichtig, da die meisten *tags*, *throw ups* und *pieces* in einer schwungvollen und einheitlichen Linienführung ausgeführt werden müssen.

Wer diese Technik nicht beherrscht, wird den Umgang mit der Dose nie erlernen und ein *toy* bleiben. Um ein Gefühl für die Proportionen und Formen zu bekommen, wird jeder

Um verschiedene Effekte zu erzielen, werden jeweils unterschiedliche Sprühdüsen benötigt.

Sprayer *biten*, d. h. andere Sprayer bzw. ihre Motive kopieren. Aber irgendwann muss ein Sprayer seinen eigenen Stil entwickeln, um Anerkennung zu finden. Ständiges Üben und der Austausch mit anderen Sprayern unterstützen die Entwicklung eigener Ausdrucksformen.

Um Ruhm und Ehre zu erlangen, ist es erforderlich, dass ein Sprayer so viele *tags* wie möglich hinterlässt. Zunächst wird er dies in seinem direkten Umfeld tun. Er markiert sein Revier. Es wird nach kurzer Zeit kein Haus auf dem Weg zur Schule geben, dass nicht das eigene *tag* trägt. Der Sprayer signalisiert damit, dass er ernst genommen werden will und von den anderen Sprayern Respekt erwartet. Dies reicht aber bald schon nicht mehr aus. Als Nächstes weitet der Sprayer sein Aktionsfeld auf das gesamte Stadtviertel aus, später auf die ganze Stadt. Denn nur wer seine hohe Beweglichkeit unter Beweis stellt, hat einen guten Namen in der Szene.

Das eigene Revier zu markieren und zu erweitern, ist in erster Linie nur durch Quantität möglich. Auch berühmte und bekannte Sprayer müssen immer wieder durch *taggen* in möglichst vielen Vororten auf sich aufmerksam machen, um auch langfristig ihren Status zu wahren. Allein qualitativ hochwertige Bilder auf Hauswänden, Mauern und Zügen reichen hierfür nicht aus, da diese Graffitis entfernt oder überstrichen werden und damit eine Markierung des Reviers immer nur vorübergehend möglich ist.

Zuerst hinterlassen viele junge Nachwuchssprayer ihre Namenszüge auf Hauswänden und Zigarettenautomaten. Nach einiger Zeit werden mobile Stromkästen und Container jeglicher Art besprüht, weil diese Objekte häufig ihren Standort wechseln. Dadurch wird der Sprayer schneller bekannt. Schließlich werden dann auch Hausdächer, Autobahnbrücken, Züge und S-Bahnen besprüht.

Die meisten sprühen zu Beginn nur *tags*, das heißt in erster Linie die *writingnames*. Einige versuchen bereits jetzt, *throw ups* anzubringen. Diese Namenszüge müssen schnell im Vorbeigehen gesprüht werden und sind größer als *tags*. Meist haben *throw ups* nur *outlines* und sind innen schraffiert.

Ein in wenigen Minuten entstandenes »throw up« der Deusener Alcoholic Sounds.

Für *pieces*, die großformatigen meist mehrfarbigen und mit schmückenden Elementen versehenen Wandbilder, benötigen die Sprayer in der Regel sehr viel Zeit.

Illegales und legales Sprayen

Sprayer, die rechtliche Konsequenzen vermeiden wollen, entscheiden sich für das Sprühen im legalen Rahmen. Viele Jugendfreizeitstätten haben auf das Thema Graffiti reagiert und bieten Workshops an, in denen Sprayer ihrer Leidenschaft nachgehen können; gemalt wird auf Leinwänden. Ebenso wird Graffiti auch als Thema im Kunstunterricht der Schulen angeboten. Die Szene bewertet das legale *writing* uneinheitlich. Viele Sprayer glauben, dass eine echte Stilentwicklung nur durch massenhaftes Sprühen der *tags* möglich ist, und das heißt illegales *taggen*.

Legales Sprayen – eine Möglichkeit, sein Können ohne Beschädigung fremden Eigentums unter Beweis zu stellen.

Wettbewerb und Rivalität

Petra, Mitarbeiterin einer Jugendfreizeitstätte, erzählt von einem jungen Mann, der vor einiger Zeit sehr niedergeschlagen zu ihr kam. Er berichtete über die Auseinandersetzung zwischen seiner *crew* und einer rivalisierenden Gruppe. Schon längere Zeit hatten sie durch viele *tags* versucht, auf sich aufmerksam zu machen und schließlich sogar begonnen, die *tags* der anderen *crew* zu *crossen*. Einer seiner Freunde war in der Nacht zuvor allein unterwegs gewesen und dabei auf Mitglieder der anderen *crew* gestoßen. Diese drohten mit Maßnahmen, falls das Sprayen und *crossen* nicht sofort eingestellt würde. Was steckt hinter dieser Geschichte?

Ein neuer Name im Revier löst bei den anderen Sprayern erhöhte Wachsamkeit aus. Wer ist der Neue? Kann er sich behaupten? Wird er in der Szene bekannt werden? Oder ist er vielleicht gar kein *toy*?

Der Nachwuchssprayer kann zunächst nur durch Quantität auf sich aufmerksam machen. Hinterlässt er in einer Nacht fünf *tags*, werden etablierte Sprayer diese Zahl schnell überbieten und den Anfänger damit in seine Schranken weisen.

So sind an einer Hauswand oft mehrere Schriftzüge eines einzigen *writers* zu sehen, und manchmal ist einem Pseudonym das Wort »one« hinzugefügt. Es bekräftigt, wie einmalig dieser Sprayer ist. In diesem Wettstreit werden ganze Straßenzüge, Wohnviertel und Vororte *zugebombt*. Denn nur das verschafft den Sprayern ungeteilte Anerkennung in der Szene.

Der Anfänger wird in diesem Kampf nur bestehen, wenn er zeigt, dass er besser ist, und dies kann bereits der Fall sein, wenn der junge Sprayer als *bomber* bekannt ist, also durch die hohe Anzahl seiner *tags* auffällt.

Zum Wettkampf gehört auch, dass sich rivalisierende Sprayer und *crews* gegenseitig ihren Respekt erweisen. Wird ein Sprayer durch *crossen* seiner Bilder herabgesetzt, erkennt er das an, wenn es durch einen besseren Sprayer erfolgte.

In allen anderen Fällen versuchen die Sprayer, den Namen desjenigen zu ermitteln, der ihre *tags* übermalt hat, und ihrerseits dessen Bilder zu *crossen*. Natürlich wird dabei nicht der bekannte *writername* verwendet, sondern ein Pseudonym.

Diese Auseinandersetzungen verlaufen nicht immer gewaltfrei. In der Sprayers-Szene wird das Thema Gewalt jedoch oft tabuisiert, denn Gewalt als Wettbewerbskriterium wird allgemein abgelehnt. Deshalb schlagen wir Petra vor, mit dem Jugendlichen genau dieses Thema anzusprechen. Da die Mitglieder der *crew* die Maßnahmen nicht genau beschrieben haben, kann damit sowohl das *crossen* aller bekannten *tags* als auch die Androhung einer körperlichen Bestrafung gemeint sein. Da diese Form der Auseinandersetzung aber eher selten ist, dürfen wir annehmen, dass es sich bei den angekündigten »Maßnahmen« um das *crossen* handelt.

Besondere Anerkennung erfahren Sprayer, die ihre Graffitis an ausgesetzten Stellen, wie hier an einem Dach, hinterlassen.

Im Wettbewerb mit anderen *crews* werden zunehmend schwierigere, risikoreichere Möglichkeiten gesucht, um dem Gegner die eigene Überlegenheit zu demonstrieren: Hausdächer, Autobahnbrücken und Schallschutzmauern rücken ins Blickfeld. Die anderen Sprayer wissen in solchen Fällen, dass der *writer* ein hohes Risiko eingegangen ist, um sein Graffiti zu sprühen. Außerdem ist es ihm kaum möglich, in kritischen Situationen vor der Polizei zu flüchten.

Im Kampf um die Krone schließlich werden bewegliche Ziele wie S-Bahnen und Personenzüge zum begehrten Objekt. Viele Sprayer erzählen von dem intensiven Glücksgefühl, das sie immer dann erfahren, wenn der von eigener Hand bemalte Zug noch längere Zeit im Personennahverkehr zu sehen ist.

Da Sprayer weit über die Stadtgrenze hinaus bekannt werden wollen, sind Züge ideale Projektionsflächen.

Bemalte Zügen gelten allgemein als Krone der Graffiti-Subkultur. Nur die Besten trauen sich in die gut bewachten *yards*, um ihre *tags* an den Zügen anzubringen. Den meisten Ruhm erntet derjenige, der einen ganzen Wagen von oben bis unten, vom Anfang bis zum Ende bemalt. So ein Zug wird *wholecar* genannt. Ein Wagen, der unterhalb der Fenster von Anfang bis Ende bemalt ist, nennt sich demzufolge *end2end*.

Ein *tag*, das einen Ausschnitt von oben nach unten, also nicht den gesamten Wagen, umfasst, wird als *top2bottom* bezeichnet.

In der Szene gilt nur, was auch verbürgt ist. Auch ein guter Sprayer muss beweisen, dass er tatsächlich im *yard* war und einen Zug bemalt hat. Eine Fotografie dient hier als Beweis. Da mittlerweile immer mehr Züge sofort gereinigt (*gebufft*) werden, sind die Sprayer darauf angewiesen, ihre Werke sofort zu dokumentieren. Weil aber Aufnahmen in der Dunkelheit oft nicht genügend Qualität bieten, kehren viele Sprayer am folgenden Tag an den Tatort zurück, in der Hoffnung, dass der Zug noch dort steht. Das wiederum ist gefährlich, und die Gefahr des Erwischtwerdens – zumal mit einem Fotoapparat in der Hand – ist groß. In der Szene hingegen werden solche Aktionen bewundert und tragen dem Sprayer großes Ansehen ein.

Derjenige, der am mutigsten ist, der seine *tags* gut sichtbar an unerreichbaren Stellen anbringt, möglichst in jedem Vorort zu lesen ist und sich darüber hinaus künstlerisch ständig weiterentwickelt, geht schließlich als Sieger aus einem Wettbewerb, einem *battle*, hervor.

Graffiti und Sucht

Monika, Mitarbeiterin einer Jugendfreizeitstätte, kennt die Strukturen der Graffiti-Szene. Sie erzählt von dem Kick, den ein Jugendlicher beim Sprayen erfährt, aber auch davon, wie wichtig die Zugehörigkeit zur Szene für ihn ist. Es fällt das Stichwort »Sprayen als Sucht«. Sie erklärt die Problematik genauer: »Wettkämpfe sind die Ursache dafür, dass sich der Lebensalltag der Graffiti-Sprayer nicht mit dem Gleichaltriger vergleichen lässt. Illegales Sprayen hat tief greifende Veränderungen der Lebensumstände zur Folge.«

Sprayer nutzen jede freie Minute, um neue *styles* zu üben oder Skizzen anzufertigen. Sie streifen stundenlang durch die Städte, immer auf der Suche nach freien, guten Stellen, und registrieren aufmerksam jede Veränderung im Revier. Ihr ganzes Denken kreist um Graffitis.

Viele Graffiti-Sprayer erleben den Alltag in Schule und Beruf als belastend. Jugendliche erzählen immer wieder, dass sie nach einer nächtlichen Aktion am folgenden Tag in ein Loch fallen und nur eingeschränkt leistungsfähig sind. Konflikte mit Lehrern und Ausbildern sind da vorprogrammiert. Verantwortungsbewusste *crews* gehen deshalb nur an den Wochenenden *taggen*. Doch viele Sprayer haben ihre Berufsausbildung oder die Schule abgebrochen.

Im Verlauf einer Sprayerkarriere verändern sich auch die sozialen Bezüge. Die Freundin und die Clique können die Leidenschaft für Graffiti nicht nachvollziehen, gemeinsame Termine und Verabredungen werden oft nicht eingehalten, Freundschaften und Beziehungen finden ein Ende, weil keine gemeinsamen Gesprächsthemen mehr gegeben sind. Verständnis finden Sprayer nur bei Gleichgesinnten. Aber auch da vertrauen sie nicht jedem – Verrat wiegt schwer.

Allen Sprayern gemeinsam ist der Kick, den sie beim Sprayen erleben, dabei wird die Illegalität des *taggens* nur zu einem Teil als Auslöser gesehen. Zunächst führt die Angst vor dem Entdeckt- und Erwischtwerden zu einem erhöhten Spannungszustand. Später sind waghalsige Aktionen und natürlich der erste, von eigener Hand bemalte Zug Erlebnisse, die von den Jugendlichen als das absolute »feeling« bezeichnet werden. Sprayer können oft keine vergleichbaren Situationen benennen, die derart intensive Glücksgefühle auslösen.

Die Frage, ob Graffiti dabei zur Sucht werden kann, ist eindeutig mit Ja zu beantworten (darauf weist allein schon der Rückzug aus dem ursprünglichen sozialen Umfeld hin). Wie bei allem Suchtverhalten, so sind auch in diesem Bereich Abstufungen und unterschiedliche Intensitäten festzustellen. Die psychische Abhängigkeit ist dabei die entscheidende Komponente. Wie ließe es sich sonst erklären, dass Sprayer selbst bei schlechtestem Wetter viele Kilometer durch Straßen, über Wiesen und Felder laufen, nur um ein geeignetes Objekt zu finden. Dabei sind sie ständig auf der Hut vor der Polizei oder müssen ihr Vorhaben vorzeitig beenden, weil sie nicht genug Spraydosen dabei haben. Und doch ziehen sie bereits am nächsten Abend wieder los. Für einen Sprayer wäre es unvorstellbar, ein anderes Leben als das eines *writers* zu führen. Der Kick wird immer wieder gesucht und kann nur durch immer neue und waghalsigere Aktionen ausgelöst werden. Langjährige Sprayer bezeichnen ihr Verhalten eindeutig als Sucht.

Ein Ausstieg aus der Szene ist relativ schwierig. Die Jugendlichen, die nur eine begrenzte Zeit gesprüht haben, finden leichter den Weg in die Normalität zurück und wählen auffällig oft den Beruf des Malers und Lackierers. Je länger ein Jugendlicher der Graffiti-Szene angehört, umso schwerer fällt ihm gesellschaftlich angepasstes Verhalten. Und dazu zählt nicht zuletzt die materielle Existenzsicherung.

Daniels Geschichte – ein Gespräch mit betroffenen Eltern

Mitte Dezember 1998. Die Ermittlungsakte des 16-jährigen Daniel Schneider liegt vor uns. Die Staatsanwaltschaft will das Verfahren wegen Sachbeschädigung nach dem Jugendgerichtsgesetz §§ 45, 47 einstellen. Nun soll das Jugendamt eine geeignete erzieherische Maßnahme durchführen.

Wir rufen bei Familie Schneider an und vereinbaren einen Besuchstermin.

Am folgenden Tag stehen wir vor ihrem Eigenheim. Es ist ein ganz normales Reihenhaus in einer gut situierten Wohngegend. Die Eltern sind beide Lehrer. Sohn Daniel wurde neulich zum zweiten Mal von der Polizei beim Sprühen ertappt. Als wir im Wohnzimmer Platz genommen haben, legt das Ehepaar sofort los. Daniel hatte ihnen gestanden, bereits drei Häuser weiter *tags* angebracht zu haben. Seitdem fragen sie sich, ob sie mit dem geschädigten Nachbarn Kontakt aufnehmen sollen und was jetzt überhaupt sinnvoll sei. Sie machen ihrem Ärger Luft, verstehen nicht, was eigentlich mit Daniel los ist. Dabei wird ihre Angst, von allen Nachbarn geschnitten zu werden, deutlich.

Sie erzählen, dass ihr Sohn von klein an sehr kreativ gewesen ist und die schönsten Bilder gemalt hat. Irgendwann hat Daniel dann angefangen, irgendwelche Skizzen in ein Buch zu malen. Das haben sie natürlich positiv bewertet. Erst in den letzten Monaten ist ihnen aufgefallen, wie sich Daniel mehr und mehr zurückzog und einen neuen Freundeskreis fand. Dass er sich mehrfach unter falschem Vorwand über Nacht verabredete, haben sie nicht weiter ernst genommen. Und dass ihr Sohn nunmehr Zugang zur Sprayer-Szene gefunden hat, damit haben sie überhaupt nicht gerechnet. Umso mehr sind sie jetzt geschockt.

Bis zu diesem Zeitpunkt hatte sich Daniel noch nicht geäußert, und deshalb fragen wir ihn nach seiner Sicht der Dinge. Er erzählt, dass er seit sieben Monaten aktiv in der Szene malt und einer *crew* angehört.

»Es stimmt schon«, sagt er. »Ich bin oft mit Freunden unterwegs gewesen. Wir hatten keine Gelegenheit, uns bei irgendwelchen Eltern zu treffen, und deshalb verabredeten wir uns meist auf einem Spielplatz. Bereits auf dem Weg dorthin haben wir dann irgendwo die ersten *tags* gesprayt.«

Es folgten die ersten nächtlichen Aktionen, wobei auch hier die besprühten Objekte nicht gezielt ausgewählt wurden. Später überlegten sie dann genau, wo ihre *tags* und *pieces* gut aussehen würden. Vor dem Entdecktwerden hatten sie die größte Angst, und erst nachdem mehrere ihrer Aktionen erfolgreich verlaufen waren, haben sie bereits vorher die Stellen abgesprochen, um anschließend in der Szene auch den gebührenden Ruhm zu ernten.

»Wir hatten da noch keine großen Erfahrungen und überlegten uns, was wir zu den Ausflügen mitnehmen sollten. Unser Hauptproblem war, wie groß der Rucksack sein muss und wie viele Dosen jeder von uns transportieren kann. Wesentlich war auch die Frage, wie schnell wir bei einer möglichen Verfolgung durch die Polizei hätten fliehen können. Außerdem überlegten wir natürlich, welche Farben wir mitnehmen und welche *caps* erforderlich sein würden, denn je nachdem, was wir sprayen wollten, benötigten wir entweder *fat-*, *soft-* oder *skinny-caps.*«

Uns fällt während des Gespräches auf, wie sehr sich das Ehepaar Schneider und Daniel missverstehen. Sie sprechen zwar vom gleichen Sachverhalt, interpretieren ihn aber völlig unterschiedlich. Den Eltern ist klar, dass ihr Sohn etwas Besonderes darstellen möchte, dennoch wissen sie nicht damit umzugehen. Daniel hingegen betrachtet alles nur aus seiner Position und versteht die Sorgen seiner Eltern nicht.

Um in diesem Konflikt zu vermitteln, versuchen wir zunächst, eine sachliche Ausgangssituation zu schaffen. Wir erklären den Eltern, das es unterschiedliche Gründe gibt, weshalb Jugendliche mit dem Sprayen beginnen. Ein Grund ist bestimmt der Wunsch nach Respekt und Anerkennung, ein anderer die Entwicklung einer eigenen Identität. Dazu kommt, dass sich die Jugendlichen während der Pubertät vom Elternhaus abnabeln – eine bedeutende Phase der individuellen Sozialisation. Und schließlich: Gemeinschaft macht stark. Diese Gemeinschaft erlebt man am intensivsten, wenn man Geheimnisse teilt und deren Aufdeckung fürchtet. Deshalb malen die Jugendlichen gemeinsam, organisieren sich in *crews* und verwenden dabei Pseudonyme, die nur Eingeweihten bekannt sind.

Daniel war »atze 1«, und das war seine neue Identität. Was zählte, war nur noch dieses andere Ich.

Er hatte lange nach diesem Namen gesucht, und er wollte nicht nur einen Buchstaben eines bereits existierenden Namens variieren. Sprayer wie Daniel, die ihrem Namen die Zahl 1 oder das Attribut one hinzufügen, vermitteln damit ihre Einzigartigkeit. Und deshalb war es ihm wichtig, dass sein plakativer, eingängiger, aggressiver, neuer Name rasch bekannt wurde. Andere Sprayer wählen einen bestehenden Namen und fügen ihm, je nachdem, wie oft er bereits verwendet wird, die entsprechende Zahl hinzu. Es gibt z. B. die Sprayer »mode 2« oder »phase 3«.

Selbstdarstellung spielt für Daniel eine große Rolle. In der Szene ist es wichtig, welches Pseudonym man wählt, denn Eigennamen wie Christian, Tobias oder Markus haben nun einmal nichts Einmaliges.

Manche Sprayer verwenden nicht nur ein, sondern gleich mehrere Pseudonyme, weil sie Mitglied in verschiedenen *crews* sind oder die Ermittlungsarbeit der Polizei erschweren wollen. Manchmal macht es ihnen auch nur Spaß, verschiedene Personen gleichzeitig darzustellen.

Daniel war sich bereits bei seinem ersten nächtlichen Ausflug mit der *crew* darüber im Klaren, dass er hauptsächlich *tags* üben wollte. Bereits bei diesen Versuchen erlebte er das Gefühl, einer verschworenen Gemeinschaft anzugehören. Dass sie nicht erwischt wurden, brachte dann noch einen zusätzlichen Kick. Deshalb machte er weiter und weihte »natürlich« seine Eltern nicht ein.

Die Ursachen für seine mehr als übliche Abkapselung vom Elternhaus liegen klar auf der Hand: Daniel lebt ohnehin in ständigen Auseinandersetzungen mit den Erwachsenen und fühlt sich nicht ernst genommen. Die Wertschätzung gegenüber Jugendlichen, die über besondere Fähigkeiten und Kenntnisse verfügen, bleibt leider in vielen Fällen aus. Genau das aber suchen und finden Sprayer in der Szene, und deshalb sind sie auch für deren Strukturen besonders empfänglich.

Nur langsam finden Daniel und seine Eltern eine gemeinsame Sprache. Die Spannung ist greifbar und wird durch die staatsanwaltliche Ermittlungsakte noch verschärft. Alle sind besorgt wegen der strafrechtlichen Konsequenzen. Aber auch die zivilrechtlichen Ansprüche der Geschädigten, insgesamt eine Summe von etwa DM 15 000, sind gravierend.

Die finanziellen Ansprüche richten sich dabei nicht an die Eltern, sondern an Daniel, aber der ist noch Schüler.

Da wir ein neues Handlungskonzept und mögliche Lösungsvarianten für Graffiti-Straftaten entwickeln, bitten wir Daniel zu einem weiteren Gespräch ins Jugendamt.

Einblicke in eine Subkultur

Innenansichten – ein Interview mit Sprayern

Vierzehn Tage später. Außer Daniel haben wir auch die DCA-Crew eingeladen. Wir wollen die Jugendlichen interviewen und treffen uns hierfür in einem Besprechungsraum der Jugendgerichtshilfe. Überraschenderweise bringt Daniel noch Robby und Björn, zwei Freunde aus seiner *crew*, mit.

Zunächst sprechen die Jugendlichen nur mit den Mitgliedern der eigenen *crew*, sogar Blickkontakte zur anderen *crew* werden vermieden. Wir überlegen, ob es Sinn macht, das Interview unter diesen Umständen fortzuführen. Aber schnell ist uns klar, dass wir auf diesem Weg völlig neue Hintergrundinformationen gewinnen können. Wir suchen einen Einstieg.

Warum habt ihr mit dem Sprühen angefangen?

Chris: Wir haben irgendwann mal Sprühdosen gehabt und haben im Keller angefangen. Dann durften wir im Keller nicht mehr sprühen, und deshalb sind wir rausgegangen.

Wart ihr sofort als Gruppe organisiert?

Daniel: Wir sind sofort losgegangen, so als *crew*. Der Gemeinschaftsgedanke war wichtig dabei.

Was bedeutet euch »fame«?

Sven: Mir bedeutet *fame* überhaupt nichts. Das heißt, dass ich nicht der Größte sein will. Ich möchte nur Teil eines Ganzen sein, aber gut sein – eben nicht so'n *toy*. Also ein bisschen *fame* doch. *Fame* ist Anerkennung, Respekt – das eigene *tag* bringt Ansehen.

Was bedeutet Konkurrenz unter Sprayern?

Robby: Konkurrenz bedeutet, dass man Bilder nicht so an die Wand klatschen will. Man will fetzige Bilder. Jeder malt anders.

Björn: Oder es gibt quantitativmäßig so'n battle. Wenn einer fünf *pieces* macht, dann mach ich am nächsten Tag, oder wie auch immer, mehr. Einer steht also überall, dann will ich auch so viele eigene *tags* sehen oder sogar mehr. Also ganze Straßenzüge, die in einer Hand sind oder aber ganze Viertel. Oder er malt so ein kleines *tag* mit so'n paar Kringelchen drum herum, und ich mal ein großes *tag* ohne Kringelchen. Oder er malt *one* und ich *ona* also der Erste, Einzige.

Was bedeutet Straßenzüge oder Viertel in einer Hand?

Björn: Ist doch klar, ich steh überall und größer als irgendein anderer. Ich breite mich aus. Ist schon endgeil, überall sich selbst zu sehen, und das ist dann meine Straße, mein Revier.

Geht es um das Verlangen, etwas Eigenes zu hinterlassen, oder geht es nur darum, Reviere zu markieren?

Daniel: Wenn einer viel hinterlässt, will ich auch was hinterlassen.

Sven: Natürlich will ich mein Revier markieren, und wenn jemand versucht, da einzudringen, gibt's Stress!

Hat ein »toy« an Erfahrung gewonnen, nachdem er das erste Mal mit der Sprühdose unterwegs war? Wird er beim nächsten Mal besser malen?

Björn: Klar. Aber man lernt auch, wenn man ein normales Stück Papier nimmt und seine Schriftzüge übt.

Also muss nicht jede Hauswand »zugetaggt« sein, damit man seine Schriftzüge lernt?

Robby: Mal abgesehen von Häusern: Auf dem Blatt fängt man an. Und dann wird man am Anfang seine Kollegen fragen: Wie findet ihr das, und die werden sagen: *toy toy toy*.

Üben gehört augenscheinlich dazu? Für wen habt ihr eure »tags« gesetzt?

Matthias: Für uns selber.

Nicht für eure »crew«?

Matthias: Wenn man mit der *crew* unterwegs ist, ist das schon schön, ich sag mal, man schreibt ja auch den Namen der *crew* dazu.

Björn: Das macht man nicht so für sich allein. Das kann die ganze *crew* mit hochziehen. Es geht nicht um die Anerkennung der Kiddies. Es gibt einem selbst was.

Wann habt ihr begonnen, nicht nur »tags«, sondern auch »pieces« zu malen?

Robby: Irgendwann muss es was richtig Großes sein. Ich war da, und kein Anderer wird da sein. Wenn ich zum Beispiel in eine andere Stadt fahren würde, dann würde ich sofort gucken, und dann würde ich was richtig Großes malen. Also nicht wie hier, wo man erst ganze Straßenzüge macht. Ich würde mit der S-Bahn in die nächste größere Stadt fahren und sofort ein Bild klatschen und nicht nur ein paar *tags*, sonst zahlst du einen Batzen Geld und hast nichts Geiles gemacht.

Geht es auch darum, dass die Sprayer einer anderen Stadt wissen sollen, wer da gemalt hat?

Jonas: Das wissen die ja nicht. Aber wenn einer mein *piece* sieht und kommt dann hierher, dann sagt der, ach, da war der auch schon. Es ist mein Stückchen Wand da.

Also du ergreifst richtig Besitz?

Robby: Wer tut das denn nicht?

Chris: Das ist ab da meine Wand. Das kommt echt fett rüber.

Wie viele Stunden seid ihr bislang unterwegs gewesen?

Robby: Wie viele Stunden insgesamt, keine Ahnung. Wenn's dunkel war, haben wir angefangen, und wenn's hell wurde, haben wir aufgehört.

Björn: Ich habe oft nur eine halbe Stunde gebraucht. Sicher! Dann war die Dose leer.

Robby: Wenn's morgens hell wurde, sind wir schnell nach Hause.

Hat sich in eurem Alltag und in der Schule etwas verändert, oder seid ihr nur am Wochenende unterwegs?

Robby: Wir sind nur am Wochenende *bomben* gegangen.

Björn: Wir sind weiter in die Schule gegangen.

Gibt es einen Unterschied zwischen dem »Zutaggen« von Häusern und dem Bemalen von Zügen?

David: *Wholetrains*, die fahren durch ganz Westfalen. Das ist das Größte. Ist das nicht geil, da fährt ein Zug mit deinem *tag*, und das liest dann jeder?

Was für einen Kick gibt das, wenn man malen geht?

Robby: Ich mach' was, und das ist dann da. Und wenn ich Glück habe, sogar ziemlich lange.

Björn: Der Kick ist, wenn du am nächsten Tag dorthin fährst und das Bild siehst.

Gibt es nicht auch einen Kick, wenn man flüchten muss, weil man entdeckt wurde?

Robby: Das ist nicht oft der Fall.

Björn: Coole Effekte sind das nicht.

Was bedeutet es für euch, wenn eure »tags« »gecrosst« werden?

David: Ja, Scheiße ne.

Björn: Du wirst durchgestrichen.

Chris: Uns hat neulich so'n Kind *gecrosst*. Das hat mich nicht interessiert.

Jonas: Also die, die über so'n Bild *toy* schreiben, die schaden sich doch nur selber.

Die schreiben also »toy« über dein Bild?

Robby: Das ist eine Beleidigung. Wenn einer das zerstört hat, und ich krieg das raus, und der malt dann wieder ein Bild, dann *cross* ich das.

Und dieser Konflikt wird dann auf der Wand ausgetragen?

Chris: Klar, dann herrscht Krieg.

Findet der Krieg nur auf der Wand statt, oder wirst du dann auch richtig gewalttätig?

Daniel: Warum soll ich dem eins auf die Schnauze geben? Dann kommt das noch raus. Soll ich dann sagen, der hat mein illegales Bild *gecrosst*?

Björn: Man weiß, wer was malt, und dann kennst du den auch, dann gehst du in die Disco und willst vielleicht mit einem Malen gehen, und dann malt der den Namen auf das Papier und du weißt, der hat dir dein Bild versaut. Dann verwahr ich das für später. Ich hab ja nicht nur einen Namen und geh mit dem Namen, den er nicht kennt, über sein Bild.

Also zeigst du keinen Respekt, wenn du crosst?

Robby: Auf meinem Platz hat keiner was zu suchen!

Das Ganze hat dann also strenge Regeln?

Robby: Klar, *crosst* du mich, *cross* ich dich!

David: Auge um Auge.

Matthias: Zahn um Zahn.

Kann »taggen« zur Sucht werden?

Robby: Gewohnheit wird das, wenn man das schon eine Zeit lang macht.

Daniel: Ich kenne Typen, da ist es schon so, also denke ich: ja.

Wenn jemand zum Beispiel auf seiner Hauswand »tags« vorfindet und sich daran stört, was soll der dann machen?

Matthias: Wenn Hausbesitzer das ganz schnell geregelt kriegen wollen, geht das nur mit Eigeninitiative: Sofort wegmachen!

Ist »taggen« nach eurem Gefühl eine Straftat?

Robby: Emotional: nein.

Björn: Wenn man weiß, was man angestellt hat, ja. Aber wenn du sprühst, denkst du nicht an irgendwelche Schäden.

Daniel: Im Hinterkopf hat man das schon.

Konntet ihr euch nicht vorstellen, das ihr Leute schädigt und durch eure Aktionen hohe Kosten verursacht?

Robby: Wenn mir das klar gewesen wäre, hätte ich das nicht gemacht.

Björn: Wir haben das verdrängt.

Jonas: Das kam erst später.

Ist das Entfernen von eigenen oder fremden »tags« eine angemessene Strafe für illegales Sprayen?

Robby: Es ist eine günstige, aber es macht nicht unbedingt Spaß, die eigenen *tags* wegzumachen.

Was bedeutet es für euch, die eigenen »tags« zu entfernen?

Björn: Sich selbst auslöschen, auf jeden Fall! Das ist schon was echt Unangenehmes.

Robby: Es ist ein Stück Erinnerung, das man wegmacht.

Ist es dann eine geeignete Maßnahme?

Robby: Geht ja wohl nicht anders.

Daniel: Ist schon krass. Es geht was von meiner Persönlichkeit verloren. Deshalb mache ich lieber die *tags* von anderen weg.

Björn: Also das Schrubben ist schon Scheiße.

Sind legale Wände eine Alternative für Sprayer?

Robby: Also auf keinen Fall. Sie sind keine Alternative, sie sind vielleicht eine Ergänzung, um zu üben. Das Feeling ist anders.

Björn: Man weiß ja, das bleibt nicht für immer.

Matthias: Man kann auch nur legale Namen nehmen. Das ist nicht so geil.

Also legale Wände sind nichts?

Robby: Haben wollen wir auf jeden Fall welche!

Ist das nicht eine Falle für uns Erwachsene: Wir geben euch legale Wände, und ihr übt dort nur und sprüht dann anschließend doch wieder illegal?

Daniel: Auf gar keinen Fall mehr illegal. Wer legal malt, kann eine Ausbildung als Maler und Lackierer machen. Man kann einen Job für eine Garagenwand bekommen, kann ausprobieren und damit sein Talent zeigen. Mensch Alter, dann hat man auch noch fett Zeit zum Malen.

Würde damit illegales Sprühen aufhören?

Robby: Nicht allein durch legale Wände.

Björn: Wenn man so legal malt, muss das schon das gewisse Etwas haben. Wenn einer die Garage bemalt haben will, zeig ich ihm meine Skizzen.

Würdest du zum Beispiel auch etwas aus dem Dschungelbuch malen, oder zählen für dich nur deine eigenen »tags«?

Chris: Dschungelbuch? Das will ich nicht! Ich will nur meine eigenen Vorlagen. Der Typ bezahlt die Dosen, und ich mal ihm mein Bild auf seine Garage. Und das sehen wieder alle.

Woher habt ihr eigentlich das Geld für die Materialien?

Chris: Wir *racken* einfach. Das ist super einfach. Du gehst in einen Baumarkt und kommst mit dreißig Dosen wieder raus.

Jonas: Ich kaufe mir die Dosen auf dem Flohmarkt, das Stück für DM 1,50. Wo die her sind, ist mir egal.

Matthias: Also ich kaufe nur die guten Montana-Farben, und dafür spare ich schon mal.

Haben die USA als Ursprungsland des »writings« noch irgendeine Bedeutung für euch?

Daniel: Amerika? Das ist absolut keine Frage mehr. Die Zeit der *oldschooler* ist vorbei. Außerdem finden immer mehr *battles* in Europa statt. Alles hat sich verändert. Nur die Sprache ist die gleiche.

Abgrenzung durch Sprache und Kleidung

Die Jugend ist schon lange keine homogene Bevölkerungsgruppe mehr; in den vergangenen Jahrzehnten haben sich die unterschiedlichsten Milieus und Bewegungen entwickelt. Allen gemeinsam ist der Wunsch, unverwechselbar zu sein – und wodurch könnte das besser gelingen, als durch Sprache und Kleidung?

Die Sprache der Sprayer

Die Sprache der Sprayer ist die erste Hürde auf dem Weg zu gegenseitigem Verständnis. Und das ist – vonseiten der Sprayer – so gewollt. Nur Insider beherrschen den Slang, und Jugendliche, die nicht zur Graffiti-Szene gehören, kennen nur einige wenige Begriffe. Damit geht es ihnen wie allen Erwachsenen.

Die Szenesprache verniedlicht die wahren Sachverhalte. Als Chris von *racken* erzählte, meinte er klauen. Diebstahl ist für Chris durchaus ein Delikt. In der wörtlichen Übersetzung bedeutet *racken* »etwas auf die Seite schaffen«. Es gibt eine ganze Reihe weiterer Ausdrücke, die den eigentlichen Tatbestand »soften« und dadurch das moralische Empfinden herabsetzen.

Abgesehen davon lässt sich in letzter Zeit feststellen, dass immer mehr englische Begriffe durch deutsche ersetzt werden. Augenblicklich werden beide »Slangs« noch parallel verwendet; was sich letztlich durchsetzen wird, bleibt abzuwarten.

Einen anderen Zugang zum Verständnis der Graffiti-Szene bietet die Musik. Vorbild ist die amerikanische Hip-Hop-Bewegung, die in ihren Songs eine drastische, bisweilen radikale Sprache pflegt. Da die Sprayer-Szene ein Teil der Hip-Hop-Bewegung ist, schlägt sich das natürlich auch in der Sprache der *writer* nieder.

Jugendsprache lebt von der Verfremdung und dem Spiel mit Wörtern und Ziffern. So wird aus for you = *4u* oder aus end to end = *end2end* oder aus fight for love = *fight4love*. Für viele Erwachsene sind die Botschaften, selbst wenn sie englisch sprechen, nicht immer auf Anhieb nachvollziehbar. Auch in den Schulen weigern sich viele Lehrer, mit ihren Schülern diese Texte zu analysieren, weil es sich nicht um Hochsprache handelt. Dadurch unterbinden sie einen möglichen Dialog mit den Jugendlichen noch bevor er richtig begonnen hat.

Großen Einfluss auf die heutige Jugendsprache üben die neuen Medien und Kommunikationstechnologien aus. Beide prägen einen minimalistischen, fachbezogenen, Zeit sparenden Stil. Dabei kann ein Wort für viele Inhalte stehen, die Sprache entwickelt sich ebenso rasant wie die Technologie. Es geht um das Spielen mit Sprache, darum, sich von festgelegten Regeln zu lösen und der Phantasie freien Lauf zu lassen.

Ein Ende dieser Entwicklung ist noch nicht abzusehen. Viele, vor allem konservative Sprachwissenschaftler sehen darin einen Verfall der Sprachkultur.

Im Allgemeinen kann Jugendsprache auch als ein Versuch gesehen werden, Selbstbestimmung zu erlangen. Gesellschaftliche Barrieren werden durch eine freie Sprache kompensiert. Wenn sich Erwachsene dieser Tatsache verschließen, bleibt ihnen der Zugang zu den Jugendlichen versperrt.

Umgekehrt spüren Jugendliche sehr schnell, wenn Erwachsene sich altväterlich anbiedern, indem sie mit Versatzstücken eines Jugendslangs prahlen. So bleibt nur der Rat an die Erwachsenen: Reflektieren Sie spielerisch und kreativ ihre eigene Sprache.

Kleidung als Identifikationsmerkmal

War es in der Vergangenheit noch möglich, Abgrenzung durch die Wahl eines bestimmten Outfits zu garantieren, so ist das heute erheblich schwieriger geworden.

Jugendlichkeit ist ein zentrales Thema der heutigen Gesellschaft. Sie steht für Frische, Dynamik, Elan. Die Medien, vor allem die Werbespots für Mode und Kosmetik, zielen auf eine Interessengruppe ab, die nur zu gern ewig jung bleiben will.

Während in früheren Zeiten (und das ist gerade mal dreißig Jahre her) noch klare Grenzen das Erscheinungsbild der Generationen bestimmten, tragen heute 50-jährige Mütter selbstverständlich Miniröcke und Väter Jeans. Auch lange Haare oder Lederjacken verursachen bestenfalls ein Achselzucken.

Ein Jugendlicher, der noch seine Pickel zählt und darüber hinaus nicht viel zu sagen hat, muss seinen Status folglich als äußerst gering bewerten.

Die Jugendlichen der Hip-Hop-Bewegung haben durch ihr Outfit wieder eine klare Abgrenzung geschaffen. Sicher, die ältere Generation trägt auch Jeans, aber die sind nicht so weit, dass darin bequem zwei Menschen Platz finden. Die Sweatshirts und Outdoor-Jacken sind ebenfalls XXXL geschnitten. Zudem sind fast alle Kleidungsstücke mit jugendspezifischen Symbolen bedruckt, sodass nur wenige ältere Menschen auf die Idee kommen, derlei Klamotten zu tragen, ganz zu schweigen von den ständig offenen Turnschuhen.

Aus der Illegalität in die Legalität – Tipps für Sprayer

Der einfachste Weg, diesem Hobby nachzugehen, scheint darin zu bestehen, nur legale Flächen zu *taggen*. Entsprechende Anfragen sind über die Jugendämter, Schadenswiedergutmachungs-Programme, die Polizei, Graffiti-Vereine oder vergleichbare Einrichtungen möglich (eine bundeseinheitliche Regelung gibt es bislang noch nicht). Auch einige Hausbesitzer stellen Wände oder Garagen zur Verfügung. Manchmal genügt es einfach, den Eigentümer zu fragen. Auch Sprayer, die bereits auf legalen Flächen malen, stellen entsprechende Kontakte her. Immer wieder werden von Jugendfreizeitstätten Workshops angeboten. Wir raten eindringlich davon ab, illegal zu sprayen.

Graffitis werden nicht immer abgelehnt: Mittlerweile werden sie sogar als auffällige Werbung nachgefragt.

Die Sprayer-Szene

- Wer dennoch illegal sprayt, sollte Folgendes bedenken: Wenn ein Sprayer erwischt wird, drohen massive strafrechtliche und zivilrechtliche Konsequenzen. Der Geschädigte hat die Möglichkeit, seine Ansprüche 30 Jahre lang geltend zu machen. Das bedeutet für den Sprayer Gehaltspfändung, Verzicht auf Urlaub, Führerschein, Auto und so weiter ...
- Für den Fall, dass der Sprayer von der Polizei aufgegriffen oder von einem Geschädigten oder den eigenen Eltern zur Rede gestellt wird, gibt es einige Verhaltensregeln, die die Situation entspannen und den Täter vor schlimmeren Konsequenzen bewahren.

Verhalten gegenüber der Polizei

- Jeder Beschuldigte hat das Recht, bei einer Vernehmung durch die Polizei zu schweigen; er muss sich nicht selbst beschuldigen. Von diesem Verhalten ist allerdings abzuraten. Denn wenn einem Sprayer eine Tatbeteiligung nachgewiesen wird, muss er, selbst wenn er Ersttäter ist, mit einer empfindlichen Strafe rechnen. Außerdem ist keine Einstellung des staatsanwaltlichen Ermittlungsverfahrens möglich.
- Besser ist es, alles zuzugeben, da dann im Vorfeld außergerichtlich eine Wiedergutmachung des Schadens erfolgen kann, die in der Regel eine Einstellung des Strafverfahrens zur Folge hat.

Verhalten gegenüber den Eltern

- Was für die Vernehmung durch die Polizei gilt, ist erst recht für das Verhalten gegenüber den Eltern anzuraten. Auch hier wird Offenheit in der Regel weitergehende Konsequenzen verhindern helfen.

- Zur Schadenswiedergutmachung können die Eltern zusammen mit dem Jugendlichen den Geschädigten aufsuchen. Eine sofortige Reinigung trägt in diesem Fall oft dazu bei, einen Strafantrag bei der Polizei zu vermeiden.

Verhalten gegenüber einem Geschädigten

- Eventuell lässt der Geschädigte mit sich reden, das wäre die einfachste Lösung. Der Sprayer kann dann direkt mit dem Geschädigten über eine Regulierung des Schadens verhandeln. Sollte das nicht möglich sein, kann er seine Eltern um Vermittlung bitten.

Wer kann noch helfen?

- Ein kompetenter Ansprechpartner ist in jedem Fall das Jugendamt. Vornehmlich die Mitarbeiter der Jugendgerichtshilfe stehen den Betroffenen unterstützend zur Seite. Die entsprechenden Telefonnummern können bei der Stadtverwaltung erfragt werden.

Wie kann man aus der Szene aussteigen?

- In der Regel hilft ein Gespräch mit Eltern, Lehrern, Geschwistern oder Freunden, die nicht zur Szene gehören. Darüber hinaus steht auch bei dieser Frage das Jugendamt zur Verfügung, um entsprechende Lösungen zu finden. Ein großer Schritt ist bereits getan, wenn nur auf legalen Flächen gesprüht wird.

2 Erkundungen im schulischen und familiären Umfeld

Wer eigentlich sind diese Sprayer?

Anfang Januar 1999. In den vergangenen beiden Monaten haben wir uns der Graffiti-Szene genähert, und je mehr wir erfahren haben, desto klarer zeichnet sich eine mögliche Lösungsstrategie ab: Nur ein Gesamtkonzept, das Polarisierungen vermeidet und alle Beteiligten einbezieht, kann langfristig Erfolg versprechen.

Besuch bei einer Schulleiterin

Wir treffen uns mit Christel Trummler, Schulleiterin einer großen Gesamtschule, die sich über ein weitläufiges Gelände erstreckt. Großflächige Graffitis stechen uns ins Auge, die legal im Kunstunterricht auf die Wände der Turnhalle gemalt wurden. Frau Trummler ist stolz auf diese künstlerischen Aktivitäten ihrer Schüler.

An vielen Schulen entstehen während der Projektwochen legale Graffitis.

Aber das ist nicht der Grund für unseren Besuch. Überall auf dem Schulgelände stoßen wir auf illegale *tags*. Mehrfach wurden Jugendliche beim Sprühen erwischt, aber die Schulleitung ist sich uneinig darüber, wie man mit ihnen umgehen soll.

Auf einer Wand ist eine Folge identischer *tags* zu sehen. Sie beginnen in rund fünf Meter Höhe und gehen bis zum Erdgeschoss. Vor kurzem war, um neue Fenster einzubauen, die Wand eingerüstet. Die in diesem Zeitraum angebrachten *tags* wurden vor dem Abbau des Gerüstes jedoch nicht entfernt.

Als wir Frau Trummler erklären, dass Sprayer durch solche Aktionen Ruhm und Anerkennung erwerben, weil ihre *tags* mit großer Sicherheit sehr lange Zeit dort verbleiben, ist sie entsetzt. Wir diskutieren mit ihr.

Graffitis sind an dieser Schule ein seit langem registriertes Problem. Bereits seit Jahren führen Lehrer und Schüler einen ständigen Kampf um saubere Wände und Klassenzimmer.

Auch Chris, Matthias, Jonas, Sven und David besuchen diese Schule. Als Christel Trummler von deren Aktivitäten hört, ist sie fassungslos, und so richtig kann sie das anfänglich gar nicht glauben. Alle fünf beschreibt sie als eher unauffällig, manchmal vielleicht etwas unkonzentriert, aber insgesamt doch eher umgänglich. Gezwungenermaßen hat sie sich mittlerweile einige Gedanken gemacht: »Eigentlich sind das doch noch richtige Jungs, die ihr Elternhaus brauchen, aber plötzlich schließen sie sich irgendwelchen Szenegruppen an. Manche flippen sogar ganz aus. Sehen Sie sich doch nur mal die Bahnhofsvorplätze an. Die sind ein Treffpunkt für Jugendliche unterschiedlichster Herkunft. Punker, Junkies, Stricher, Straßenkids. Wer solche Plätze sieht, ist doch erschüttert über die Lebenswirklichkeit von Jugendlichen«, sagt Frau Trummler empört, aber gleichzeitig mildert sie ihr Urteil über die Jugendlichen, denn als Pädagogin ist ihr klar, dass gerade jugendkulturelle Strömungen bei 14- bis 20-Jährigen eine große Rolle spielen, aber »Gott sei Dank gibt es ja noch genug Jugendliche, die ihre Freizeit in Sport- und Schützenvereinen verbringen oder an Jugendkursen teilnehmen, wo sie eingebunden sind. Das ist für Lehrer und Eltern nachvollziehbar und akzeptabel«.

Wir sind uns darüber einig, dass Jugendliche in der Ablösungsphase vom Elternhaus einen eigenen Raum zur Entfaltung benötigen, einen Sozialraum, den sie nur für sich beanspruchen und den sie sich aneignen können.

Wo sich Jugendliche aufhalten oder: das Sozialökologische Raummodell

Das »Sozialökologische Raummodell« von Dieter Baacke geht davon aus, dass Jugendliche ihren Handlungsspielraum erweitern, indem sie vier aufeinander folgende Phasen bzw. Zonen durchlaufen (Dieter Baacke: Jugend und Jugendkulturen; siehe »Weiterführende Literatur«). Wenn alle vier Phasen erfolgreich absolviert sind, kann der Jugendliche uneingeschränkt auf alle Kompetenzen zurückgreifen und seine Sozialräume je nach Belieben nutzen.

Das Modell umfasst von innen nach außen vier Zonen. Kern ist die Familie; die Peripherie sind zufällige, wenig strukturierte Treffpunkte. Jede Zone hat eine eigene Wertigkeit. Baacke beschreibt in Korrelation mit den vier Zonen verschiedene Lebensphasen, in denen Beziehungen zu individuellen und sozialen Bezügen hergestellt werden.

In der ersten Zone, dem ökologischen Zentrum, erlebt ein Kind seine Umwelt in der Familie, es schafft emotionale und soziale Bezüge. Die Familie ist Lebensmittelpunkt.

Die zweite Zone, der ökologische Nahraum, ist durch erste Treffpunkte gekennzeichnet, etwa den Kindergarten. Der Freundeskreis beschränkt sich auf die unmittelbare Nachbarschaft. Die Aneignung des Raums ist auf den überschaubaren Nahraum begrenzt.

Die dritte Zone umfasst die so genannten »ökologischen Ausschnitte«. Das sind funktionsbestimmte Räume, wie zum Beispiel die Schule. Eine zweckbestimmte Funktion haben Vereine, Kirchen oder Einrichtungen, wo Treffen aufgrund bestimmter gemeinsamer Handlungen erfolgen. Die Erweiterung des persönlichen und sozialen Umfelds beginnt. Freundschaften werden geschlossen und zunehmend wird die Gruppe der Gleichaltrigen wichtig.

Die letzte Zone ist die ökologische Peripherie. Hier besuchen Jugendliche einen Ort nur zu einer bestimmten Zeit. Es geht hier um Treffpunkte wie Discotheken oder Jugendkneipen, wobei beide nur solang interessant sind, wie ein Kontakt zu einer bestimmten Szene besteht. Der Aktionsradius und die Handlungskompetenz der Jugendlichen werden erweitert.

Jetzt kann der Jugendliche auf alle vier Zonen, wie etwa den Nahraum Familie zurückgreifen oder aber Treffpunkte aufsuchen, die nur der eigenen Lebensphilosophie entsprechen.

Wo trifft man Sprayer an?

»Wie aber lässt sich diese Modell auf unser Problem übertragen?«, fragt Frau Trummler.

In der Verselbstständigungsphase, der Ablösung vom Elternhaus, sind bei vielen Sprayern Konflikte zwischen Vater und Sohn an der Tagesordnung; deshalb wird die Familie nur sehr selten als Rückzugsraum aufgesucht. Gespräche oder gemeinsame Mahlzeiten finden nur sporadisch statt. Für jugendliche Sprayer ist es typisch, dass sie sich gegen die in der Familie bestehenden Regeln auflehnen.

Funktionsbestimmte Orte, wie die Schule, sind für Sprayer nicht in erster Linie als Bildungsstätte, wohl aber für Begegnungen mit Gleichgesinnten wichtig. Dort werden Kontakte geknüpft und erste Beziehungen zur Graffiti-Szene hergestellt.

Sprayer meiden Vereine, Verbände und ähnlich strukturierte Treffpunkte. Ihre Regeln erscheinen zu starr, weil sie nur wenig Individualismus zulassen.

Jugendzentren werden von jungen Sprayern nur aufgesucht, wenn dort auch Hip-Hop gepflegt wird. *Jams* und Graffitiworkshops werden gern besucht. Aber auch pädagogisch begleitete, legale Malaktionen sind bei Jugendlichen beliebt. Junge Sprayer sind für andere Angebote der Jugendarbeit nicht offen und flexibel genug, da die Faszination für Graffiti wenig Raum für andere kreative Tätigkeiten lässt.

Sprayer sind Individualisten. Sie lassen sich möglichst nicht verplanen; sie treffen sich bei Freunden und üben dort ihre *styles*, hören Musik oder lesen die *fanzines*.

Ein anderer Treffpunkt sind die *writer corners*, die keine festen Merkmale aufweisen. Oft sind es Parks, Spielplätze oder öffentliche Grünflächen und so weiter ...

Die Aneignung des sozialen Raumes findet bei Sprayern hauptsächlich durch das Verbreiten von *tags* statt. Wände, Industriebrachen und Bahnanlagen oder Autobahnschallschutzmauern sind darüber hinaus Treffpunkte für *crews*, um dort zu fotografieren und Vergleiche anzustellen. Das sind aber keine Szenetreffpunkte im engeren Sinn, da sich immer nur wenige Jugendliche dort aufhalten.

Über Flugblätter informieren sich die Jugendlichen, wo legal oder illegal etwas los ist, und das kann durchaus auch in einer anderen Stadt sein. Mit den Flugblättern wird zum Sprayerwettkampf aufgerufen, und die Termine für *jams* werden bekannt gemacht. Heute sind die Jugendlichen in der Lage, große Entfernungen zu überwinden, weil sie selbst bereits motorisiert sind, als Tramper mitfahren oder aber preisgünstige öffentliche Verkehrssysteme nutzen. Die Bahn AG ist besonders beliebt, da hier die Möglichkeit besteht, auf dem Weg bemalte Züge zu sehen und zu fotografieren. Sprayer erweitern ständig ihren Aktionsradius.

Szenekneipen oder gar spezifische Discotheken gibt es für Sprayer nicht. In den meisten Discos entspricht die Musik dem allgemeinen Musikgeschmack. Sprayern ist sie zu kommerziell und verdient nicht die Bezeichnung Hip-Hop. In diesem Zusammenhang wurde von einem jungen Sprayer der Begriff »Deppenrap« kreiert.

Jetzt läutet es gerade zur großen Pause. Während wir uns weiter unterhalten, sehen wir die DCA-Crew. Auch die Jungs haben uns offensichtlich bemerkt, denn drei drehen in weitem Bogen ab, während zwei direkt auf uns zukommen. Es sind Jonas und Chris. Sie erzählen uns von ihrer Hip-Hop-Jam am vergangenen Samstag. Frau Trummler hört interessiert zu.

Wer eigentlich sind diese Sprayer?

Paradiesische Zustände für jeden Sprayer bieten die Jams. Hier kann sich jeder legal mit anderen Sprayern messen, Hip-Hop hören und Kontakte knüpfen.

Sprayer und Lokalpatriotismus

Die *jam*, von der Jonas und Chris erzählen, fand bei strahlendem Sonnenschein statt und wurde von rund 6 000 Jugendlichen besucht. Mehrere Hip-Hop-Bands spielten, und es wurde natürlich auch legal gemalt. Sie waren alle gut drauf und haben sogar einen Preis für ihr Bild erhalten. Eine Band spielte einen Song, in dem unterschiedliche Städte der Umgebung eine Rolle spielten. Da alle Sprayer Lokalpatrioten sind, kam es immer zu begeisterten Zwischenrufen der Jugendlichen, deren Stadt gerade genannt wurde. Chris und Jonas berichten stolz, dass sie hinterher vom vielen Schreien für ihre Stadt heiser waren.

Mit Nachdruck erklären sie, dass sie in keiner anderen Stadt leben wollen. Diese Haltung ist sicher keine Eigenart dieser beiden Sprayer. Denn nur in ihrer Heimatstadt kennen sie die Zeichen und Kürzel der anderen Sprayer. Sie gehen durch die Straßen und sehen vertraute Bilder. Durch die bekannten Graffitis auf den Hauswänden und Mauern fühlen sie sich als Mitglieder einer Gemeinschaft. Je mehr *tags* in den Straßen zu finden sind, desto größer ist auch die Verbundenheit der Sprayer mit ihrer Heimatstadt, zumal dann, wenn sie von anderen *writern* darum beneidet werden, in einer Graffitihochburg zu leben. Je bunter Beton wird, umso mehr Bezug haben die *writer* zu den Objekten. Deshalb auch besitzen Industriebrachen einen eigenen, unverwechselbaren Charme. Hochhäuser und Mietkasernen sind nicht länger Ghettos, die es zu meiden gilt.

Ein Sprayer erklärt seine Liebe zu seiner Heimatstadt so: »Jeden Morgen fahre ich Straßenbahn. Es ist ein schönes Gefühl, aus dem Fenster zu sehen und an eigenen *tags* vorbeizufahren. Ich weiß dann, dass ich dort schon einmal gewesen bin und dass ich die Wand oder den beschriebenen Gegenstand angefasst habe. Ich meine, erst dadurch erfahre ich meine Umgebung, ich lerne meine Umgebung erst dadurch ganz genau kennen. Und dadurch wird Dortmund erst richtig zu meinem Zuhause. Ich mag Dortmund sehr. Und ich möchte auch in keiner anderen Stadt leben.« (aus: Marianne Brentzel und Hubert Moormann: Da Kukse Wa. Siehe »Weiterführende Literatur«)

Frau Trummler kann diesen Lokalpatriotismus gut nachvollziehen. Sicher, die Jugendlichen wohnen heute viel länger im Elternhaus als früher. »Aber spielt nicht gerade in einer Zeit mit hoher Jugendarbeitslosigkeit und spezifischer Berufsqualifikation Mobilität eine große Rolle?«, fragen wir die beiden Sprayer. Chris und Jonas vertreten eine andere Auffassung. Die langfristige Sicherung der Existenz oder die üblichen Wünsche nach eigener Wohnung, eigenem Auto oder dem ersten selbst finanzierten Urlaub haben keine Bedeutung für die beiden. Sie fühlen sich hier am wohlsten und lieben dabei genau die Orte, die von allen anderen gemieden werden. Wenn sie in ein anderes Land fahren, dann lediglich mit dem Ziel, auch dort ihren Namen zu verbreiten. Auch auf diese Weise wird das Ansehen der Heimatstadt als Hochburg der Graffiti-Kultur gefestigt.

Ein weiteres Indiz für den Lokalpatriotismus der Sprayer liefert die gängige Graffiti-Literatur: Mit dem Sprayer wird stets auch seine Heimatstadt genannt. Das lässt Rückschlüsse auf lokale Unterschiede zu und erleichtert die Zuordnung zu einer bestimmten Stadt. Fragt man Sprayer, wer als *king* zu bezeichnen ist, dann werden meist nur die der eigenen Stadt genannt. Danach erst werden die Sprayer einer anderen Stadt gewürdigt.

Es klingelt zum Pausenende, und die beiden Jungen verabschieden sich von uns.

Gesellschaftliche Verweigerung und Individualität

Wir gehen mit Frau Trummler ins Lehrerzimmer und sprechen dort mit den anwesenden Lehrern. Wir werden gefragt, ob das Sprühen in erster Linie eine gesteigerte Form des Individualismus oder aber eine Verweigerungshaltung einzelner Jugendlicher auf gesellschaftliche Anforderungen ist. Diese Frage ist nicht eindeutig zu beantworten.

Graffiti wird in unterschiedlichen jugendkulturellen Strömungen als Ausdrucksform benutzt.

Territoriale Abgrenzung der Sprayer DAJ

Die Hausbesetzer-Szene beschmierte die besetzten Häuser mit politischen Parolen. Jugendgangs hingegen benutzen Graffitis als territoriale Abgrenzungssymbole.

Fast schon warnend signalisieren große Graffitis, wer in einem Revier das Sagen haben wird.

In beiden Fällen handelt es sich um Botschaften, die möglichen Rivalen signalisieren, dass ein Gebiet bereits besetzt ist. Es geht dabei nicht um den persönlichen oder kreativen Wettstreit, sondern um eine klare Grenzziehung. Wird die Grenze überschritten, folgen Konsequenzen – auch in Form von Gewalt.

Sprayern hingegen geht es immer nur um Graffiti. Oft haben sie unterschiedliche Lebensphilosophien, die nicht hinreichend beschrieben werden können: Handelt es sich nun um eine politische Haltung, eine persönliche Verweigerung, eine Kunstdarstellung oder aber um übersteigerten Individualismus?

Allen gemeinsam ist aber sicherlich ein Hang zum Narzissmus. Es geht um das eigene Ego, die Selbstdarstellung. Der

Jugendliche erfährt dadurch eine Statusaufwertung und eine Stärkung seines Selbstbewusstseins.

Individualismus ist nach allem, was wir wissen, in der Writer-Szene besonders stark ausgeprägt, und diese Selbstinszenierung hat nur einen einzigen Grund: Aufmerksamkeit auf sich ziehen. In zweiter Linie geht es dann auch um Gemeinschaftssinn, um die Einhaltung festgelegter Regeln und um Wettbewerb.

Die Gesetze der Sprayer-Szene setzen sich über geltendes Recht hinweg. Viele Sprayer geben zu, durch ihre Graffitis bewusst gegen geltendes Recht zu verstoßen. Das nehmen sie aber in Kauf, weil die Szeneregeln Vorrang haben.

Diese Gesetzesübertretungen haben in der Writer-Szene nur begrenzt etwas mit politischer Verweigerung zu tun. Was zählt, ist der Ehrenkodex. Manche Sprayer bezeichnen das *writing* als reinste Form der Anarchie.

Die einzige politische Aussage der Sprayer ist die Missachtung, die sie gegenüber Behörden wie Staatsanwaltschaft und Polizei zum Ausdruck bringen.

Männerbild und Familie

Januar 1999. Mittlerweile liegen uns bereits zehn umfangreiche Akten der Staatsanwaltschaft vor. Aber es fehlt immer noch die Ermittlungsakte der DCA-Crew. Erst wenn auch diese eingetroffen ist, wollen wir ein Aktionsprogramm entwickeln, das langfristig, wenn sicherlich auch nur teilweise, eine Lösung des Graffiti-Problems unterstützt.

Gespräch mit einem Vater

Während wir die Akten durchsehen, geht unvermittelt die Tür auf. Robbys Vater, Christoph Fischer, kommt herein. Er scheint völlig verzweifelt und am Ende seiner Kräfte zu sein. Robbys Klassenlehrerin hat ihm gerade mitgeteilt, dass sein Junge jetzt auch noch im Verdacht steht, an der Schule mehrere *tags* gemalt zu haben. Einig seiner Schulhefte wurden konfisziert und die darin gefundenen Skizzen anschließend mit den *tags* in der näheren Umgebung verglichen. Da seine Täterschaft auf diese Weise zweifelsfrei ermittelt werden konnte, folgen jetzt natürlich weitere Ermittlungen.

Verhaltensauffälligkeiten

Seit längerem ist Robby überhaupt nicht mehr ansprechbar und will sich nicht mit seinen Eltern auseinander setzen. Abgesehen davon ist er auch nur noch sporadisch zu Hause. Eigentlich kommt er nur noch, um seine Kleidung zu wechseln oder um etwas zu essen. An den gemeinsamen Mahlzeiten nimmt er sehr selten teil. Die Atmosphäre in der Familie ist äußerst angespannt, und Robby wird zunehmend aggressiver. »Weil meine Frau nur noch weint, war ich mit ihr neulich beim Neurologen. Der hat dann gesagt, dass sie dringend Ruhe braucht. Robby beschimpft sie nur noch und macht sie völlig fertig. Er sagt, sie habe ihr Leben vergeudet und deshalb verachte er sie.«

Herr Fischer wird immer aufgebrachter, während er redet. »Ein bisschen Respekt kann man doch wohl erwarten, wo sie sich doch die ganzen Jahre nur für die Kinder aufgeopfert hat. Seit einiger Zeit haben jetzt auch wir dauernd Streit, weil meine Frau mir vorhält, ich kümmere mich nicht genug um den Jungen. Sie sagt, es gebe immer nur Ärger, wenn Robby und ich zusammen sind. Aber bitte, wie kann ich denn heute einen 16-Jährigen noch erreichen? Die tun doch sowieso nur das, was sie wollen. Ich bin berufstätig und stark eingespannt. Ich glaube, ich habe alles Erdenkliche für meine Kinder getan.«

In letzter Zeit, wenn Robby nicht zu Hause war, haben die Fischers häufig sein Zimmer kontrolliert. Dabei mussten sie feststellen, dass sie über ihren Sohn vieles nicht wissen. »Wir haben Sprühdosen gefunden, Skizzenblöcke und, was ich nie gedacht hätte, auch eine Wasserpfeife. Meine Frau hat mir erzählt, dass sie mit Robby über das Thema Haschisch gesprochen hat. Dabei hat er ihr gegenüber zugegeben, das Zeug schon einmal geraucht zu haben. Aber er hat auch gesagt, er hätte das alles voll im Griff. Meine Frau vertraut ihm, ich bin mir allerdings nicht so sicher, ob das gut ist.«

Familienstruktur

Wir reden mehr als eine Stunde mit Herrn Fischer. Elke und Christoph Fischer haben vor 22 Jahren geheiratet. Das erste Kind, Manuel, war bereits unterwegs. Zwei Jahre danach wurde dann Alice geboren und vier Jahre später kam Robby zur Welt. Frau Fischer wollte eigentlich immer studieren, aber als sie zum ersten Mal schwanger wurde, gab sie ihr Vorhaben auf. Von da an kümmerte sie sich ausschließlich um die Kinder und den Haushalt und unterstützte tatkräftig die Karriere ihres Mannes. Christoph Fischer brachte es im Laufe der Jahre zum Manager. Er arbeitet seit langem in einem Großbetrieb und ist häufig auf Geschäftsreisen, manchmal mehrere Wochen lang. Wenn er aber einmal zu Hause ist, kümmert er sich liebevoll um seine Kinder und unternimmt zahlreiche Ausflüge mit ihnen. Sein besonderes Interesse gilt dem Sport. Skifahren, Tennisspielen und Fußball haben es ihm besonders angetan. Natürlich war er stolz, als ihm Manuel und Alice schon früh nacheiferten. Manuel ist ein Ass in seinem Handballverein. Mittlerweile studiert er sogar Sport. Alice gewann unzählige Schwimmwettkämpfe. Gleichzeitig nahm sie auch Ballettunterricht.

Robby ist zwar ebenfalls sehr sportlich, aber er wollte sich nie an einen Verein binden. Nach Aussage des Vaters »hätte er viel mehr aus sich machen können«.

Herr Fischer ist jetzt 48 Jahre alt, ein sportlicher und attraktiver Mann, der im Beruf sehr erfolgreich ist. Seine Frau Elke ist 45 Jahre alt und wirkt nach seiner Beschreibung noch sehr jugendlich. »Manchmal hätte ich mir gewünscht, sie hätte auch einmal etwas für sich getan. Sie kann so schön töpfern, und sie ist handwerklich so begabt. Aber irgendwie fehlte immer die Zeit dazu. Sicher, die Kinder waren anstrengend, und das große Haus musste in Ordnung gehalten werden. Elke ist eine Superhausfrau, und Sie sollten sie mal als Gastgeberin erleben, wenn Geschäftsfreunde da sind. Wir hätten schon längst eine Putzfrau haben können, aber da sollten Sie meine Elke mal hören. Auf gar keinen Fall will sie eine Fremde im Haus haben. Jeden Elternsprechtag hat sie wahrgenommen, und irgendwie war immer gerade eine Schulfeier, ein Spiel der Kinder oder auch die ewige Hin- und Herfahrerei, wenn einer der drei sich irgendwo verabredet hatte. Die Kinder haben es wirklich gut bei uns – und jetzt so etwas.«

Abkapselung

Robby ist anders als seine beiden Geschwister. Er geht ungern zur Schule, und er hatte jahrelang wenig Freunde. Heute ist er ständig unterwegs. Auf keinen Fall will er so sein wie seine Eltern. Alles wird von ihm prinzipiell in Frage gestellt. Erst vor kurzem fand er endlich Freunde, mit denen er nun seine ganze Zeit verbringt. Für Herrn Fischer ist sonnenklar, dass der Einfluss der Freunde stark mit der verfahrenen familiären Situation zu tun haben muss. »Und wie Robby jetzt immer rumläuft. Diese riesigen Hosen, der Schritt hängt ihm auf den Knien, seine Haare kann man überhaupt nicht mehr sehen. Er trägt ständig nur dieses bescheuerte Cappy. Und dann diese Turnschuhe, die Schnürsenkel immer offen. Wenn ich ihm sage, dass er irgendwann mal fällt, dann sagt er nur, das trägt man so. Kann er denn nicht einmal ein ordentliches T-Shirt tragen? Nein, immer nur diese riesigen Dinger mit irgendwelchen komischen Figuren oder unergründlichen Schriftzeichen drauf. Und dann geht er immer so wichtig. Hören kann er auch nichts, weil ständig diese Stöpsel in seinen Ohren hängen. Wenn ich mit ihm reden will, ignoriert er mich und behauptet, nichts zu hören. Er provoziert unentwegt, hat selten eine eigene Meinung, tja, und jetzt wird er auch in der Schule immer auffälliger.«

Herr Fischer muss sich erst einmal damit auseinander setzen, dass die Lehrer Robby als aggressiven und wenig motivierten Schüler bezeichnen, der nur selten seine Hausaufgaben macht und auch am Unterricht nicht teilnimmt. Robby beschwert sich ständig über den öden Unterrichtsstoff und die alten Lehrer. Und überhaupt: Er wirkt sehr depressiv.

Ein Einzelfall?

Die Geschichte der Familie Fischer steht exemplarisch für viele Berichte, die wir in der Folgezeit erhalten. In fast allen Einzelheiten ist sie austauschbar. Doch diese Berichte haben eines gemeinsam: Ein Kind verstößt gegen die Familienregeln und sucht sich eigene Wege. Eine Ursache hierfür ist sicherlich der Konflikt mit den wichtigsten Leitbildern, den Eltern.

Familie Fischer ist eine durchschnittliche Familie, wie man sie überall antrifft. Der Vater kümmert sich um die existenzielle Absicherung und will seiner Familie ein sorgloses Leben ermöglichen. In seinem Beruf geht er völlig auf und erfährt die notwendige Selbstbestätigung. Auch Frau Fischer ist bisher mit ihrem Leben eigentlich sehr zufrieden. Sie musste ihre eigenen Bedürfnisse zwar oft zurückstellen, aber die Kinder entschädigten sie dafür. Auf die beiden Älteren ist sie sehr stolz, die Pubertät der beiden war wohl sehr belastend, aber gleichzeitig auch eine Herausforderung. Erst bei Robby spürt sie ihre Grenzen. Bisher war sie stolz darauf, die Erziehungsarbeit weitgehend allein bewältigt zu haben – das betrachtete sie auch als ihre Aufgabe. Da sich ihr Mann – wenn er denn einmal zu Hause war – ebenfalls intensiv um die Kinder kümmerte, hatte sie keinen Grund zur Besorgnis.

Rollenbilder

Beide Elternteile sind mit den tradierten Rollenzuweisungen zufrieden. Doch Robby wirft mit seinem Verhalten vollkommen neue Fragen auf, und dadurch hat das heile Familienbild unzählige Risse bekommen. Frau Fischer fordert auf einmal bei der Kindererziehung eine wesentlich stärkere Teilnahme ihres Ehemannes ein. Herr Fischer hingegen ist mit dieser neuen Aufgabe völlig überfordert, zumal er von Robbys Verhalten, das seinem Männerbild widerspricht, maßlos enttäuscht ist.

Wie alle Eltern, so wollten auch die Fischers immer gute Vorbilder für ihre Kinder sein. Und sicherlich haben sie dabei dieses Wunschdenken auf ihre Kinder projiziert. Es schien ja auch jahrelang alles problemlos zu funktionieren. Die älteren Kinder identifizierten sich mit den Eltern. Manuel ist sportlich, sehr männlich und unbegrenzt durchsetzungsfähig – wie der Vater. Dass er Sport studiert, entspricht ganz den Vorstellungen von Herrn Fischer, der schon immer gern selbst eine sportliche Karriere gemacht hätte. Tochter Alice ist absolut die Mutter: zierlich, graziös und angepasst. Der Ballettunterricht hat sicherlich seinen Teil dazu beigetragen. Vom Vater hingegen hat sie die Zielstrebigkeit. Alice peilt eine solide Berufskarriere an.

Was aber ist mit Robby los?

Robby, der Jüngste, wurde zunächst sehr verwöhnt. Die Mutter erlebte die wachsende Selbstständigkeit der älteren Kinder und hoffte, dass wenigstens Robby ihr so lange als möglich erhalten blieb. Deshalb nahm sie ihm viele Dinge ab. Sein Zimmer musste er nicht selbst aufräumen, und natürlich wurde für ihn immer extra gekocht, wenn er etwas nicht mochte. Und Robby mochte so manches nicht. Frau Fischer sieht ihn auch heute noch als Nesthäkchen an. Wenn sie sich über ihn ärgert, behält sie es meist für sich, oder aber sie sucht einen passenden Moment, um mit ihrem Mann darüber zu reden.

Herr Fischer greift in diese Symbiose zwischen Mutter und Sohn nicht ein, fühlt sich aber auch ständig ausgegrenzt. Da er viele berufliche Verpflichtungen hat, ist er froh, dass seine Frau ihm den Rücken freihält. Aber insgeheim ist er auch ziemlich enttäuscht, weil er bei Robby so viel ungenutztes Entwicklungspotenzial sieht. Da Robby in vielen Bereichen nicht seinen Vorstellungen entspricht, tröstet er sich mit den Leistungen seiner älteren Kinder.

Rollenerwartungen

Robby ist sehr intelligent. Schon mit fünf Jahren kann er einige Buchstaben schreiben, und eigentlich sind die Eltern davon überzeugt, dass er die Schule problemlos bewältigen wird. Bei der Einschulung kommt dann das Erwachen. Robby will auf gar keinen Fall mit der Klassenlehrerin in die Klasse gehen, und er verweigert sich in den folgenden Wochen jeglicher Leistungsanforderung. Robby misst sich ständig mit seinen älteren Geschwistern, und in diesem Vergleich kann er nur verlieren. Der Vater hält sich ganz aus dem Erziehungsgeschehen heraus, und die Mutter tröstet sich damit, dass das sicherlich nur Anlaufschwierigkeiten sind. Aber diese Phase hält dann doch länger als erwartet an. Der Junge lernt nur unwillig.

Gleichzeitig aber entwickelt er Kreativität, malt wunderschöne Bilder, töpfert und bastelt. In diesen Unterrichtsstunden blüht er auf. Jedem, der die Familiengeschichte kennt, fällt auf, dass Robby genau die Tätigkeiten der Mutter für sich entdeckt, die sie aufgab, um den Familienalltag organisieren zu können. Natürlich erwartete er Anerkennung, die aber ausblieb, da stets andere Werte wie Leistung, berufliche Karriere und sportlicher Erfolg im Vordergrund standen. Beide Elternteile sind bis heute nicht in der Lage, das Entwicklungspotenzial des Jungen zu fördern, und Robby verschließt seine eigene Welt vor den Familienangehörigen.

Und so wird genau dieses Thema in der Pubertät zur Zerreißprobe. Robby verfügt nur über ein sehr geringes Selbstwertgefühl. Mit seinen Eltern kann er sich nicht identifizieren. Sie leben Werte, die er nicht teilt, und sie lehnen Vorstellungen ab, die er positiv bewertet. Der Wunsch, sich von seiner Familie zu lösen, wächst. Gleichzeitig fällt ihm der Abnabelungsprozess aber sehr schwer. Seine neuen Freunde findet er in der Schule. Sie haben gemeinsame Interessen, sind kreativ und »cool«. Für Robby ist es wichtig, auch »cool« zu sein. Die Kleidung und sein Verhalten zeigen deutlich: Den kleinen Robby gibt's nicht mehr. Das Nesthäkchen wird erwachsen.

Für Robby ist es besonders schwierig, sich von der Mutter zu lösen, da sie in der Vergangenheit genau den süßen und unschuldigen Sohn geliebt hat und darüber hinaus immer seine Leistungsverweigerungen in der Schule gedeckt hat. Robby sieht in ihr nur die Frau, die auf ihre Bedürfnisse verzichtet hat und ständig die Familienharmonie hochhält. Das setzt sie in seinen Augen herab. Sicher ist er auch enttäuscht, dass sie seine Kreativität nie als förderungswürdig betrachtet hat, zumal er auch weiß, dass sie selbst ihre Möglichkeiten nie genutzt hat. Den allmächtigen Vater kann Robby nach eigener Einschätzung ohnehin nicht erreichen. Er strebt weder eine solide Berufskarriere an noch will er ein besonders guter Sportler sein. Mit seinem Vater hat er sich noch nie ernsthaft auseinander gesetzt – warum sollte er es dann jetzt tun? Er ignoriert den Vater oder bringt ihn durch sein gespieltes Desinteresse zum Rasen. Endlich einmal reagiert der Vater.

Der Weg in die Subkultur

Robby geht seinen eigenen Weg und surft zunächst in verschiedenen Jugendkulturen. Dann entwickelt er mit seinen Freunden die Vorliebe für Graffitis, und zum ersten Mal erfährt er hier Anerkennung. Die Graffiti-Szene ist eine Männerdomäne, und die strenge Hierarchie entspricht Robbys Männlichkeitsgefühl. Die Jugendszene verbreitet Mystik, und die Verschwiegenheit untereinander erinnert an frühere Geheimbünde. Der Vergleich zu den Initiationsriten älterer Kulturen, die das Erwachsenwerden junger Männer feierten, ist sicherlich möglich. Erst ab diesem Zeitpunkt waren sie vollwertige Mitglieder der Gesellschaft.

Die ersten Erfahrungen mit Drogen, die Robby in dieser Gemeinschaft macht, verschafften ihm ein bislang unbekanntes Gefühl von Freiheit. Hier können ihn die Eltern nicht erreichen. Zwar registriert die Mutter, dass er Haschisch raucht, sie lässt sich aber beruhigen. Er weiß, sie wird dem Vater nichts davon erzählen. Zu gut kennt er ihr ewiges Harmoniestreben, und auch dies ist für ihn ein Beweis, wie wenig sie sich durchsetzen kann oder will.

Harmonie ist aber das Letzte, was Robby jetzt braucht. Sicher, die Mutter ist für ihn kein Vorbild. Erstmals erfolgt die kritische Hinterfragung der Rolle des Vaters. Warum war ihm in erster Linie die berufliche Karriere immer so wichtig, und was ist er überhaupt für ein Mensch – ja, was ist er für ein Mann? Erst jetzt erkennt Robby, dass er seinen Vater genauso wenig kennt, wie dieser ihn. Er macht ihm den Vorwurf, immer dann abwesend gewesen zu sein, wenn er ihn brauchte.

Die Schule kann ihm bei seinen Problemen nicht helfen. Die Lehrer erwarten Leistung, und die kann er zurzeit nicht erbringen. Der Unterrichtsstoff ist langweilig. Was interessieren ihn die alten Griechen, wenn er ja noch nicht einmal weiß, wer er selbst ist. Auch die sportlichen Angebote und Arbeitsgemeinschaften bieten keinen Anreiz für ihn. So gut wie seine Geschwister wird er sowieso nie werden. Sein jugendlicher Sportlehrer ist so damit beschäftigt, von den

Schülern akzeptiert zu werden, dass er auch ihn nicht als Vorbild anerkennen kann.

Ein Lösungsansatz

Robby sehnt sich nach einem Erwachsenen, der ihm Vorbild und Integrationsfigur ist, weit und breit ist aber keiner sichtbar. Er möchte Grenzen erfahren und wissen, ab wann Erwachsene bereit sind, Widerstand zu leisten.

Stattdessen erfährt er ständig immer nur deren eigene Hilflosigkeit. Und so bieten ihm nur die Gleichaltrigen Identifikationsmuster, und je länger er mit ihnen zusammen ist, umso mehr entfernt er sich von den tradierten Rollenbildern. Das heißt nicht, dass dies auf Jahre so bleiben wird. Familienregeln greifen ein Leben lang. Verhaltensmuster sind verinnerlicht und leider nicht, wie alte Kleidung, einfach abzulegen. Auch Robby wird irgendwann, nach der Phase der Verweigerung, eigene Lebensperspektiven entwickeln. Dies kann bereits durch eine erste ernsthafte Beziehung zum anderen Geschlecht oder aber eine positive Entwicklung beruflicher Perspektiven erfolgen. Auch werden die wenigsten Jugendlichen, die aufbegehren, zwangsläufig straffällig.

Herr Fischer und auch die Lehrer fragen sich, wie sie Robby noch erreichen können. Das erfüllt ihn mit Macht und Ohnmacht gleichermaßen.

Ist elterliche Vorsorge möglich?

Auch die besten Eltern werden Probleme mit ihren Kindern nicht vermeiden können. Jede Generation muss sich von den Eltern lösen. Dabei übernimmt sie in der Regel wesentliche, tradierte Muster für zukünftige Lebensperspektiven, stellt aber gleichzeitig vieles in Frage und wirft Überkommenes über Bord. Nur so kann sich gesellschaftlicher Fortschritt einstellen. Unabhängig davon ist dies immer ein schmerzlicher Prozess für alle Beteiligten. Die notwendige Ablösung und der Selbstfindungsprozess werden insbesondere durch jugendkulturelle Strömungen vorangetrieben, die dadurch eine wesentliche Aufgabe erfüllen.

Die Auseinandersetzung mit Jugendlichen ist eine Chance für jede Gesellschaft. Jugendliches Handeln ist ernst zu nehmen. Jugendliche suchen Grenzen, und es ist bemerkenswert, wie oft gerade Jugendliche mit einer Verweigerungshaltung auf Erwachsene angewiesen sind, die als Vorbild dienen können. Jugendarbeit ist deshalb auch immer Beziehungsarbeit, und das gilt sowohl für Eltern wie für Pädagogen.

Im Hinblick auf die Graffiti-Szene scheint aber ein Sachverhalt besonders bedeutsam zu sein: Es geht um die Auseinandersetzung mit der Männerrolle.

Was heißt »Mannsein«?

Für Eltern und Pädagogen ist es schwierig geworden, Jugendlichen eine adäquate Rollenidentität zu vermitteln. In den letzten Jahrzehnten haben sich die Erwartungen an die Familien in Bezug auf persönliche Mobilität und Leistungsbereitschaft im Berufsleben erhöht. Tradierte Rollenbilder greifen zunehmend weniger. Auch die Wissenschaft hat, was den Umgang mit jungen Menschen betrifft, unterschiedliche Modelle entwickelt.

Die Beteiligten sind sich darüber einig, dass für Neugeborene zunächst die Beziehung zur Mutter ausschlaggebend ist. In der körperlichen Nähe zu ihr erlebt das Kind Schutz und Geborgenheit. Umstritten ist, ab wann der Vater für das Kind wichtig wird, um die erste Ablösung von der Mutter zu schaffen. Die Mutter-Vater-Kind-Phase, die so genannte Triangulierungsphase, wird von Psychologen ungefähr um das erste Lebensjahr herum angesiedelt. Da die meisten Väter berufstätig sind, übernehmen die Mütter die Hauptlast der Beziehungspflege. Es hängt nun stark von der Beziehung zwischen den Ehepartnern ab, ob auch der Vater eine aktive Rolle in der Erziehungsarbeit übernimmt. Väter berichten immer wieder, dass sie sich in der frühen Mutter-Kind-Beziehung ausgegrenzt fühlen und später den Zeitpunkt verpassen, aktiv am Leben des Kindes teilzunehmen. Den Müttern wird von der Gesellschaft mehr Erziehungskompetenz zugesprochen. Aber es ist auch für eine Mutter schwierig, den Vater einzubeziehen, zumal wenn sie am Leben des Partners nicht ausreichend teilhat. Das wird die erste wichtige Ablösung des Kindes von der Mutter hinauszögern.

Feministinnen verneinen sogar die Bedeutung von Vätern für die Ausprägung einer männlichen Rollenidentität während der Pubertät.

Demgegenüber sprechen führende Psychoanalytiker wie Horst Petri von einem schweren Trauma für Jungen, wenn sie langfristig den Vater entbehren. Sie haben keine Möglichkeit, sich aktiv mit der Männerrolle auseinander zu setzen und eine eigene Rollenidentität zu entwickeln. Vor allem die psychosexuelle Entwicklung muss zwangsläufig darunter leiden.

Für Robby ist die Auseinandersetzung mit seinem Vater die bestimmende Komponente des Erwachsenwerdens. Er kennt nur bestimmte Seiten des Vaters, seine Durchsetzungsfähigkeit, seine Sportlichkeit, sein männliches Auftreten. Und so sucht er eine Jugendkultur, die sein Anliegen unterstützt. Die Graffiti-Szene ist von hierarchischen Strukturen geprägt. Ein Mann, der als der Beste gilt, ist auch der Held. Man gibt sich hart, möglichst gefühlsarm. Ehre, Mut, der Kampf im Team, Imponiergehabe – all das erinnert schon ein wenig an den altbekannten Drachentöter.

Was aber ist mit den weichen Anteilen, der Angst, zu versagen oder körperlich zu unterliegen, eben nicht immer der Beste sein zu können? Diese Frage kann nur ein Vater beantworten, der aktiv am Leben seines Kindes teilnimmt und sich vor allem selbst diesen Fragen gestellt und seine eigenen Unzulänglichkeiten angenommen hat. Aber gerade an dieser Selbstreflexion mangelt es oft, und selbst wenn sie erfolgt, scheitert die glaubwürdige Umsetzung allzu oft in konkreten Alltagssituationen.

Herr Fischer hat sich nie kritisch mit seiner eigenen Identität auseinander gesetzt. Deshalb ist er überfordert und kann seiner aktiven Rolle im Erziehungsprozess nicht gerecht werden. Nur wenn er künftig mit sich selbst ins Reine kommt, kann er Robby erreichen und so langfristig eine versöhnende, freundschaftliche Vater-Sohn-Beziehung aufbauen.

Es gilt allen Vätern Mut zu machen, die Auseinandersetzung mit der eigenen Rolle selbst zu diesem späten Zeitpunkt zu suchen. Jugendliche benötigen dringend Vorbilder, gerade solche, die selbst Schwächen haben und dies auch zugeben. Das macht wahre Stärke aus, und ein Heranwachsender fühlt sich dann als gleichwertiger Partner.

Auch die jugendlichen Sprayer haben das dringende Bedürfnis nach Orientierungen und Regeln. Unverständnis und Verweigerung jedoch sind kein geeigneter Weg, um eine Annäherung zu erreichen. Nur über eine konstruktive Auseinandersetzung wird ein Zugang zur Welt der Jugendlichen gelingen.

Herr Fischer bezweifelt, dass es viel Sinn hat, wenn er das Gespräch mit seinem Sohn sucht. Aber er will es auf alle Fälle versuchen. Und noch etwas anderes liegt ihm am Herzen: Die Schulleitung hat ihm gegenüber den Verdacht geäußert, Robby könne Mitglied einer Jugendgang sein. Er sei, was für diese Annahme spreche, immer in einer der Schule bekannten, sozial auffälligen Gruppe anzutreffen.

Jugendkultur oder Jugendgang?

Es besteht eine weit verbreitete Begriffsverwirrung, wenn es darum geht, jugendliche Gruppen, zumal wenn sie Straftaten begehen, zu bewerten. Allzu oft werden Sprayer-*crews* fälschlich als »Gang« bezeichnet. Es gibt indes eine Reihe von Merkmalen, die eine exakte begriffliche Differenzierung möglich machen und nahe legen.

Die wirtschaftliche Ausgangssituation

Jugendkulturen in Deutschland entstehen nicht durch Armut oder Verelendung. Im Gegenteil, sie sind eine Erscheinungsform der Wohlstandsgesellschaft. Das heißt natürlich auch, dass Jugendliche als passive Konsumenten betrachtet werden. Sie sind deshalb besonders anfällig für modische Artikel oder etwa die Szenekleidung, die bestimmte jugendkulturelle Strömungen vorschreiben. In der Graffiti-Kultur sind das die großen, weiten Hosen, Van-Schuhe, Cappies und die obligatorischen Sweatshirts.

In der Szene liest man einschlägige *fanzines* und kauft natürlich nur original *writer*-Accessoires. Das alles ist ziemlich teuer, und so manche Zuwendung vonseiten der Eltern oder sonstiger »Sponsoren« wandert anschließend direkt in einen der entsprechenden Szeneläden. Die Graffiti-Szene lässt sich hervorragend vermarkten, zumal sich junge Sprayer dem selbst gesetzten Diktat ihrer Kultur gern beugen. Und diese Marktlücke wurde schon vor langer Zeit erkannt.

Gangs handeln aus völlig entgegengesetzten Motiven. Sie entstehen in erster Linie dort, wo Armut, fehlende Zukunftsperspektiven und Arbeitslosigkeit den Alltag beherrschen. Deshalb bestreiten Gangs ihren Lebensunterhalt, und dazu gehören auch die einschlägigen Statussymbole, häufig durch Straftaten: Diebstahl, Hehlerei und Drogenhandel sind weit verbreitet. Als Mitglied einer Gang ist der Einzelne in der Lage, an der Konsumwelt teilzuhaben: Gangs leiden im Vergleich zu Jugendkulturen unter ökonomischen Zwängen.

Das Verhältnis zu Macht und Gewalt

Die nächtlichen Graffiti-Unternehmungen dienen einzig der Verbreitung des eigenen Namens, jedoch nicht der territorialen Abgrenzung. Das unterscheidet sie letztlich von den Aktionen der Gangs. Diese brauchen eine enge Revierabgrenzung und sanktionieren entsprechende Verletzungen mit Gewalt.

Allerdings arbeiten auch Gangs mit Graffitis, um ihre Gebietsansprüche zu markieren. Im Vergleich zu den *writern* geht es hier jedoch nicht um Ruhm und Ehre. Diese Graffitis sind Ausdruck eines »Hoheitsrechts«, das eine Gang in einem Viertel beansprucht. Der Vollzug dieses »Hoheitsrechts« erstreckt sich immer auch auf die Kontrolle des Drogenhandels, auf Schutzgeldeintreibung, Prostitution und den Vertrieb von gestohlenen Konsumgütern. Territoriale Eroberungen werden natürlich nie kampflos aufgegeben. Mittlerweile gibt es diese Gangs in vielen deutschen Großstädten.

Dauer und Art der Bindung

Gangs setzen sich bewusst über die ethischen Grundsätze einer Gesellschaft hinweg und haben ihre eigenen strengen Gesetze. Der Zugang zu einer Gang beginnt meistens in jugendlichem Alter, aber im Gegensatz zu jugendkulturellen Gruppen verbleiben ihre Mitglieder oft ein ganzes Leben lang in dieser Gemeinschaft. Es sind im Regelfall die sozial Unterprivilegierten, die keine Zukunftsperspektiven haben. Solange sie durch strafbare Handlungen mehr Geld verdienen können als etwa durch einen Gelegenheitsjob, wird die Mitgliedschaft in der Gang gleichzeitig auch zur existenziellen Absicherung. Das wiederum bedeutet oft lebenslange Abhängigkeit. Ein Ausstieg ist häufig schwierig oder gar nicht möglich.

Im Gegensatz dazu suchen Jugendliche zwischen 14 und 25 Jahren zeitweise Anschluss an Gleichaltrige. Sie surfen in kurzlebigen jugendkulturellen Strömungen. Auslöser ist die Flucht aus der tristen Realität des Alltags. Die Jugendlichen suchen Spaß, Aktion und Risiko. Aber diese Phase ist meist nur ein Übergang. Spätestens wenn die Erwachsenenrolle akzeptiert ist, wird fast jeder Jugendliche – wie schon alle Generationen vor ihm – ein gesellschaftskonformes Leben führen. Nur ein kleiner Teil der Sprayer bleibt auch als Erwachsener dieser Szene verbunden und sprayt weiterhin in der Illegalität. Für die meisten Sprayer jedoch ist die Zugehörigkeit zur Graffiti-Szene nur vorübergehend.

Allerdings darf bei aller Gegensätzlichkeit nicht außer Acht gelassen werden, dass der Übergang zwischen Jugendkultur und Jugendgang fließend ist. Je stärker Jugendliche gefährdet sind und ihnen realistische Zukunftsperspektiven fehlen, je mehr sie sich als Looser fühlen, umso eher besteht die Gefahr, dass die zunächst grenzüberschreitende Clique irgendwann die Strukturen einer Gang annimmt oder die Mitgliedschaft in einer Gang sucht. Die heutige Writer-Szene ist aber von diesem Stadium weit entfernt.

Dosen und Masken gehören zur Grundausstattung.

Verständnis und Vertrauen hilft – Tipps für Eltern

Der denkbar beste Ansatz ist ein gemeinsames Gespräch zwischen Eltern und Kind. Dabei sind Vertrauen und Respekt Grundvoraussetzungen!
Versuchen Sie zu verstehen, weshalb Ihr Kind Graffitis sprüht, und beschäftigen Sie sich mit dem Thema. Üben Sie sich in Toleranz. Eventuell denken Sie einfach einmal an Ihre eigenen Jugenderlebnisse zurück. Sicher erinnern Sie sich an das eine oder andere Problem, das Sie mit Ihren Eltern, der Schule oder dem Ausbildungsbetrieb hatten. Was haben Sie damals vermisst? Wurden all Ihre Probleme ernst genommen? Konnten Ihre Eltern zu eigenen Schwächen stehen? Wie wichtig waren Ihnen Vorbilder? Konnten Sie die Ihnen gesetzten Grenzen akzeptieren? Vermutlich lassen sich viele selbst erlebte Dinge auf die Situation Ihres Kindes übertragen.

Worauf sollten Eltern im Einzelnen achten?

- Eltern sollten wissen, wo genau ihre Kinder übernachten. Damit ihre nächtlichen Touren nicht bemerkt werden, decken sich die Jugendlichen meist gegenseitig.

- Achten Sie darauf, ob Ihr Kind ein *blackbook* mit Skizzen besitzt. Stellen Sie fest, ob sich Ihr Kind zu Hause oft mit dem Malen von Entwürfen beschäftigt.

- Stellen Sie fest, ob Ihr Kind Lackdosen, Sprühaufsätze, Sturm- oder Malerschutzmasken, die zu jeder Graffitiausrüstung gehören, besitzt.

- Prüfen Sie, ob sich Farbreste an Kleidung und Rucksack befinden oder diese Gegenstände nach Farblack riechen.

- Verschließen Sie nicht die Augen vor unliebsamen Entdeckungen, und reden Sie mit Ihrem Kind über Ihre Wahrnehmung.

- Wahren Sie die Intimsphäre Ihres Kindes! Durchsuchen Sie nicht eigenmächtig das Zimmer Ihres Kindes, sonst verlieren Sie sein Vertrauen.

- Besorgen Sie sich Informationen zum Thema Graffiti bei der Polizei und den Jugendämtern. Klären Sie Ihr Kind über die möglichen Folgen illegalen Sprayens auf.

- Sollten Sie Ihren Sprössling beim Sprühen in der Nachbarschaft überrascht haben, sollten Sie zunächst mit ihm und anschließend mit allen Beteiligten darüber sprechen. Vermeiden Sie es, Ihr Kind bei der Polizei anzuzeigen.

- Denken Sie daran: Eine rechtzeitige Vermittlung erspart oftmals eine Anzeige und unnötige Folgekosten. Die meisten Geschädigten sind vergleichsweise aufgeschlossen, wenn sie angesprochen werden. Sprayer sollten den Kontakt zum Geschädigten unbedingt suchen. In fast allen Fällen werden so auch Ratenzahlungen möglich. Es sollte auch über einen Zinsverzicht verhandelt werden.

- Es gibt immer wieder Eltern, die aus Unkenntnis der rechtlichen Verhältnisse oder aus Scham die ausstehenden Rechnungen ihrer Söhne bezahlen. Im Sinne einer pädagogischen Konsequenz sollten aber dann Verträge mit den Söhnen geschlossen werden, damit über das Taschengeld oder Ersatzleistungen in Haus und Garten hinaus ein eigener Beitrag zur Schadensregulierung erfolgt. Bei der Ausgestaltung solcher Verträge ist Phantasie gefragt!

- Auch als Eltern können Sie versuchen, legale Flächen zu finden. Fragen Sie Nachbarn oder Geschäftsleute. Oft gibt es in unmittelbarer Nähe triste Wände, die gern zur Verfügung gestellt werden. Manchmal sogar gegen Honorar!

Flexibilität ist erforderlich – Tipps für Lehrer und Erzieher

Jugendarbeit ist Beziehungsarbeit. Jugendliche sollten immer ernst genommen werden. Eigene Rollenbilder werden oft bewusst oder unbewusst auf die Jugendlichen übertragen, die wiederum den Generationenkonflikt, den sie im Elternhaus führen, auch auf die Pädagogen ausweiten.

Gerade Lehrer haben die Möglichkeit, die ständig wechselnden jugendkulturellen Strömungen wahrzunehmen. Seit einiger Zeit beschäftigen sich Lehrer auch im Unterricht mit diesen Themen und stellen dabei verwundert fest, wie gut ein Zugang zu den Jugendlichen möglich ist. Jugendliche benötigen auch in diesem Bereich verlässliche und starke Erwachsene als Vorbilder. Als Pädagogen sollten Sie sich den Lebenswelten der Jugendlichen nicht verschließen; sie sollten dabei aber klare Grenzen setzen. Scheuen Sie sich nicht, die folgenden Ratschläge umzusetzen:

- Sollte Ihnen auffallen, dass es zu Regelverstöße kommt, dann suchen Sie das Gespräch zunächst immer mit den betroffenen Schülern. Dies gilt insbesondere dann, wenn Ihnen nach bestimmten Unterrichtseinheiten identische Schriftzüge auf Bänken, Tischen usw. auffallen. Vergleichen Sie ruhig einmal die Schulhefte der Schüler. Unter Garantie werden Ihnen verschiedene der dort gemalten *tags* auch auf dem Schulgelände begegnen.

- Sprechen Sie Ihre Schüler an, suchen Sie das Einzelgespräch. Die meisten werden vielleicht zunächst abstreiten, etwas mit Graffiti zu tun zu haben. Aber es kommt nicht in erster Linie darauf an, dass Sie die Wahrheit herausfinden, ein Anspruch, den Sie als Pädagoge sicherlich haben. Es geht vielmehr darum, einem jungen Sprayer zu erklären, dass man sein Tun bemerkt hat und gegebenenfalls auch Konsequenzen einleitet. Sie sollten allerdings nie mit Konsequenzen drohen, wenn Sie nicht bereit sind, diese auch durchzuführen. Eine Konsequenz kann zum Beispiel darin bestehen, dass der enttarnte Schüler den Klassenraum aufräumt und seine *tags* entfernt.

- Aber auch Ihre kreativen Ideen zum Thema Graffiti sind gefragt, etwa bei einer Projektwoche, möglichst mit einer achten Klasse. Unter dem Motto »Lebenswelt Schule« könnte diese Klasse eine beschmierte Wand säubern oder überstreichen und anschließend für ein Schuljahr die Patenschaft übernehmen. Im darauf folgenden Jahr sollte dann wiederum die achte Klasse diese Aufgabe erfüllen. Damit wird den Schülern Verantwortung übertragen, die sie nach unseren Erfahrungen auch gern übernehmen. Sicher werden auf diese Weise nicht alle Wände künftig

Die drei Abbildungen auf dieser Doppelseite zeigen Graffitis aus Dortmunder Schulen

von Graffitis verschont bleiben, aber es wird ein positives Zeichen gesetzt. Und das bedeutet, dass jedes *tag* sofort entfernt werden muss. Wir raten davon ab, professionellen Firmen diese Aufgabe zu übertragen, da die Schüler der Lebenswelt Schule dadurch weiterhin entfremdet bleiben.

- Sobald Ihnen Sprayer bekannt sind, sollten Sie sofort reagieren. Es ist nicht unbedingt erforderlich, jedes Sprühen zur Strafanzeige zu bringen. Wesentlich wichtiger ist der direkte Kontakt zum Schüler oder seinen Eltern. Vielleicht können Sie ja zu einem gemeinsamen Gespräch aller Beteiligten einladen und auch einen Mitarbeiter des Jugendamtes dazubitten.

- Sollte Ihre Schule wegen Renovierung eingerüstet werden, so achten Sie darauf, dass das Gerüst nicht abgebaut wird, bevor auch alle Graffitis entfernt wurden. Nichts ist für Sprayer wichtiger, als langfristig sichtbare *tags*. Werten Sie die Sprayer-Szene also nicht auf, indem Sie auf eine Entfernung der *tags* verzichten. Wer die verschlungenen Wege der Verwaltung kennt, weiß, dass es schwierig ist, eine notwendige Reinigung zügig zu veranlassen. Das ist jedoch die einzige Chance, um auch langfristig saubere Wänden zu bekommen.

- Eine Alternative ist das legale Bemalen von Wänden. In vielen Schulen wird mittlerweile auch im Kunstunterricht die künstlerische Ausdrucksform des Graffiti kultiviert. Ein legales Graffiti wird selten von anderen *gecrosst*, denn die Schüler kennen und respektieren sich. Hier ist Ihr Mut als Pädagoge gefragt, sich aktiv mit dieser Form von Jugendkultur auseinander zu setzen.

- Graffiti ist ein Teil der Hip-Hop-Bewegung. Besprechen Sie die oft rüden Songtexte mit Ihren Schülern. Uns ist bekannt, dass viele Englischlehrer einen Sprachverfall fürchten und deshalb davor zurückschrecken. Jugendliche leben aber von der Provokation. Die Beschäftigung von Erwachsenen mit diesen szenetypischen Texten wirkt oft Wunder, und ein möglicher Zugang zu den Jugendlichen wird hierdurch erleichtert.

- Jugendliche benötigen die Auseinandersetzung mit der älteren Generation. Machen Sie einmal den Jugendlichen zum Fachmann, denn er kennt sich in seiner Kultur aus. Bleiben Sie dabei aber immer in Ihrer Rolle als Erwachsener. Zeigen Sie ehrliches Interesse an den Themen, aber werden Sie nie »Oberjugendlicher«.

- Bedienen Sie sich auch nur dann einer entsprechenden Jugendsprache, wenn Sie sich sicher fühlen, dass Sie die richtigen Begriffe kennen und auch wissen, was diese bedeuten. Sie demaskieren sich, wenn Sie es nur tun, um sich der Szene zu nähern.

- Auch Erwachsene sind letztlich immer darauf angewiesen, in ihrer Fachkompetenz ernst genommen zu werden. Als Pädagoge wissen Sie genau, wie abhängig Sie vom Dialog sind, damit Ihre Unterrichtsinhalte die Adressaten erreichen. Nur wer Jugendliche ernst nimmt, kann auch schwierigen Unterrichtsstoff vermitteln.

Weithin sichtbar: Graffiti auf einem Gasometer.

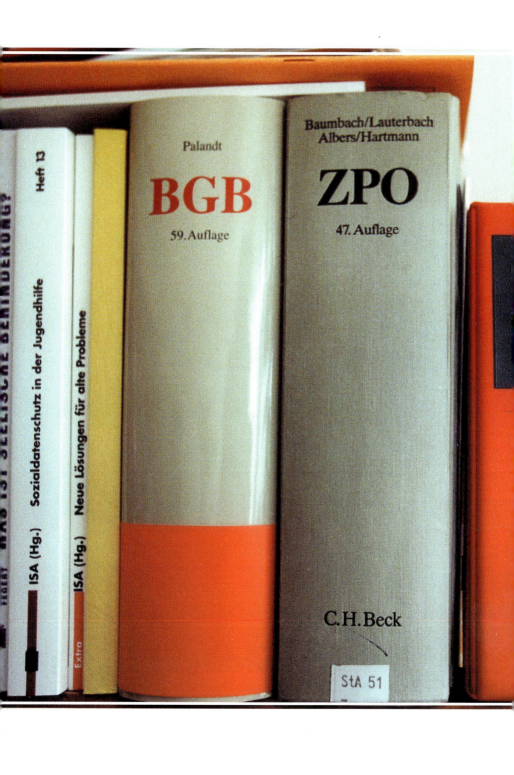

3 Straf- und zivilrechtliche Aspekte

Besuch bei der Staatsanwaltschaft

Ende Januar 1999. Frau Gerber, die Staatsanwältin, hat gerade ihre Ermittlungsarbeit abgeschlossen. Über 60 Schadensorte sind aktenkundig. Vorangegangen waren mehrere Strafanzeigen und ein Vergleich mit den dazugehörigen Fotos sowie den bei der Polizei protokollierten Aussagen.

Im Regelfall wird bei derart beträchtlichen Schadenssummen sofort das Jugendschöffengericht eingeschaltet. Die dabei verhängten strafrechtlichen Sanktionen sind meist erheblich. Zu prüfen ist dann, ob schädliche Neigungen bei den Jugendlichen vorliegen und mit einer Jugendstrafe gerechnet werden muss.

Frau Gerber ist um neue Lösungswege bemüht. Nach ihrem Anruf treffen wir sie zwanzig Minuten später im Büro der Staatsanwaltschaft, wo auch Herr Hansen, der in dieser Angelegenheit ermittelnde Polizeibeamte, auf uns wartet.

Auf dem Tisch liegen drei umfangreiche Ermittlungsakten und zügig erfolgt eine Information über den Sachverhalt. Bei insgesamt 68 besprühten Objekten wurden mehrere Institutionen wie die Müllentsorgung, die Bahn AG, die Strom- und Wasserwerke, zahllose städtische Gebäude, zwei Wohnungsbauunternehmen sowie 24 Privatpersonen geschädigt. Insgesamt beläuft sich der geschätzte Schaden auf rund DM 250 000.

Strafrechtliche Mündigkeit

Hinter den Straftaten verbirgt sich die uns bereits bekannte *crew* der DCA. Als Mitglieder waren uns bislang nur David, Sven, Jonas, Chris und Matthias bekannt. Nach den neuesten Ermittlungen der Polizei wurde jetzt auch noch Ali Kaya als weiteres Mitglied enttarnt.

Frau Gerber erläutert, dass aufgrund der heterogenen Altersstruktur der sechsköpfigen Gruppe im Falle möglicher Verurteilungen unterschiedliche Sanktionsmöglichkeiten bestehen.

Ali ist mit dreizehn Jahren der Jüngste. In Deutschland ist man aber erst mit 14 Jahren strafmündig. Vorher ist eine strafrechtliche Verfolgung überhaupt nicht möglich. Das bedeutet für den Jungen zunächst einmal, dass seine Familie von der Polizei über den Sachverhalt informiert wird. Auch das Jugendamt erhält einen Bericht, und anschließend wird ein Sozialarbeiter Betreuungsbesuche in der Familie durchführen. Doch Alis Fall weist eine Besonderheit auf. Ali ist Ausländer. Und so wird der Sachverhalt auch dem Ausländeramt gemeldet. Für Alis Zukunft kann das von großer Bedeutung sein, da notwendige Arbeitserlaubnisse und Aufenthaltsgenehmigungen von dieser Behörde ausgesprochen werden. Problematisch wird es spätestens bei weiteren oder schwereren Straftaten. Im schlimmsten Fall kann ihm dann sogar die Ausweisung drohen.

Anders bei David, Sven und Matthias. Sie sind alle siebzehn Jahre alt und Schüler. Sie erhalten zwischen DM 120 und DM 400 Taschengeld.

Da die drei zwischen 14 und 18 Jahre alt sind, spricht das Gesetzbuch in ihrem Fall von Jugendlichen. Das bedeutet für sie, dass ausschließlich das Jugendgerichtsgesetz Anwendung findet.

Chris und Jonas sind gerade achtzehn geworden; sie sind seit zwei Monaten in der Ausbildung und gelten laut Gesetz als Heranwachsende. Das erfordert wiederum eine andere Vorgehensweise. Zwischen dem 18. und dem 21. Lebensjahr muss geprüft werden, ob noch nach dem Jugendgerichtsgesetz oder aber bereits nach dem Erwachsenenstrafrecht abgeurteilt wird. Ob Achtzehnjährige nach dem Jugendgerichtsgesetz belangt werden, hängt davon ab, ob sie noch als Jugendliche oder bereits als Erwachsene anzusehen sind. Dies wird anhand der persönlichen Lebensumstände ermittelt. Dabei wird auch geprüft, inwiefern eine Tat »jugendtümlich« ist, was nichts anderes als »jugendspezifisch« heißt.

Was aber genau unter dem Begriff »Jugendtümlichkeit« zu verstehen ist und wie er auf das Strafverfahren Anwendung findet, ist gänzlich vom Ermessen der jeweils beteiligten Juristen abhängig.

Damit ist klar, dass bei den Jungs der DCA-Crew die juristische Ausgangssituation uneinheitlich ist, einmal aufgrund des Altersgefälles innerhalb der Gruppe, zum anderen durch die unterschiedlichen finanziellen Voraussetzungen ihrer Mitglieder.

Die Staatsanwältin beurteilt zunächst alles nur aus der Perspektive der Juristin. Und folglich dreht es sich darum, welche Sanktionen aus strafrechtlicher Sicht geeignet sind, um den Jugendlichen die Schwere ihre Tat vor Augen zu führen. Zivile Ansprüche stehen dabei hintan; sie werden erst in einem weiteren Verfahren geklärt.

Alle Beteiligten sind der Auffassung, dass dieser Ansatz nicht geeignet ist, um das Problem des illegalen Sprayens in den Griff zu bekommen. Es scheint notwendig zu sein, neue Wege zu finden. Frau Gerber jedoch ist es wichtig, dass der im Jugendgerichtsgesetz verankerte Erziehungsgedanke auch bei möglichen zukünftigen Lösungen weiterhin im Vordergrund steht. Für eine konstruktive Diskussion ist sie offen.

Alternative Schadenswiedergutmachung

Anhand dieses konkreten Falles machen wir es uns zum Ziel, ein alternatives Schadenswiedergutmachungs-Programm ins Leben zu rufen. Dabei müssen allerdings sowohl alle strafrechtlichen und gleichzeitig auch die zivilrechtlichen Aspekte berücksichtigt werden. Schnell einigen wir uns darauf, dass die Schäden von den Jugendlichen selbst wieder in Ordnung gebracht werden. Und erst nach einer erfolgreichen Regulierung würde Frau Gerber ihre Bereitschaft signalisieren, das Verfahren auch ohne die Einschaltung des Jugendgerichts einzustellen.

Wir haben dabei nicht nur die Interessen der Jugendlichen im Blick, sondern ebenso die Ansprüche der Geschädigten.

Um ein solches Programm aber überhaupt ins Leben rufen zu können, ist im Vorfeld auch eine genaue Analyse der rechtlichen Situation nötig. Was bedeuten eigentlich Begriffe wie Strafgesetz, Erziehungsgedanke, Jugendgerichtsgesetz, Zivilrecht und Diversion konkret? Und wie finden sie Anwendung auf die Situation der jungen Sprayer?

Strafrechtliche Würdigung nach dem Jugendgerichtsgesetz

Schon 1923, bei seiner Entstehung, floss in das Jugendgerichtsgesetz der Erziehungsgedanke ein, dem bis heute Beachtung geschenkt wird. Im Laufe der Jahre erfolgten dann mehrere Überarbeitungen. Sein wichtigster Ansatz ist bis heute, Jugendliche strafrechtlich nicht mit Erwachsenen auf eine Stufe zu stellen.

Um auf die individuellen Voraussetzungen des noch im Erziehungsprozess befindlichen Jugendlichen besser eingehen zu können, stehen eine Vielzahl von »jugendrichterlichen Weisungen« und »Zuchtmitteln« zur Auswahl. Ziel ist es, die jugendlichen Straftäter durch das Verfahren nachhaltig zu beeindrucken.

Durch kriminologische Forschungen gilt seit Jahrzehnten als erwiesen, dass jeder Mensch im Jugendalter Straftaten begeht (= ubiquitär) und dass dieses Verhalten vorübergehend (= passager) ist.

Straffälligkeit Jugendlicher und Heranwachsender

Konflikte strafrechtlicher Art sind in der Übergangsphase zum Erwachsensein als nahezu normal anzusehen. Dieses Verhalten ist in allen Bevölkerungsschichten zu beobachten. Jugendkriminalität ist demnach eine episodenhafte Erscheinung.

Lediglich ein kleiner Teil der verurteilten Jugendlichen begeht auch langfristig Straftaten. Nur rund fünf Prozent sind auch im Erwachsenenalter weiter straffällig. Am häufigsten sind strafbare Handlungen junger Menschen zwischen dem 14. und dem 25. Lebensjahr.

Hierbei ist auffällig, dass die meisten Straftaten von jungen Männern begangen werden. Dunkelfeldforschungen belegen, dass nahezu hundert Prozent der männlichen Jugendlichen irgendwann in diesem Zeitraum straffällig werden, wobei die meisten Straftaten der Bagatellkriminalität zuzuordnen sind. Die Ursache: Jungen sind stärker nach außen gewandt und leben Problemsituationen durch Aggressivität und Regelverletzungen aus.

Mädchen hingegen werden aufgrund ihrer Sozialisation weitaus seltener straffällig. Ihr oppositionelles Verhalten in der Zeit des Erwachsenwerdens ist stärker nach innen gerichtet. Sie reagieren auf Konflikte eher mit psychosomatischen Beschwerden. Mädchen sind wesentlich angepasster und unter Wiederholungstätern kaum noch anzutreffen.

Genau diese Merkmale lassen sich auch auf die aktive, extrovertierte Graffiti-Szene übertragen. Mädchen sind in diesem Bereich nur selten engagiert und werden deshalb natürlich auch wesentlich seltener auffällig.

Über den Ein- beziehungsweise Ausstieg aus der Delinquenz, der Verletzung bestehender Gesetze, gibt es nur vage Hinweise. Sicherlich kann davon ausgegangen werden, dass wesentlich mehr Straftaten begangen als Täter gefasst werden. Aber nur ein unbedeutender Anteil aller tatsächlich begangenen Straftaten wird überhaupt aktenkundig und dann von Jugendrichtern verhandelt. Der Großteil der Jugendlichen/Heranwachsenden hört irgendwann, auch ohne jemals erwischt worden zu sein, von selbst auf, strafbare Handlungen zu begehen.

Folglich müssen andere Faktoren einen nicht zu unterschätzenden Einfluss auf das Verhalten der Jugendlichen haben.

Selbstredend betrachten Jugendrichter die Wirkung ihrer verhängten Maßnahmen und das Gerichtsverfahren als außerordentlich beeindruckend, da sie aus der juristischen Perspektive argumentieren. Aber erreichen sie damit überhaupt die Jugendlichen?

Verhandlungen vor dem Jugendgericht aus der Sicht der Jugendlichen

An ihre Gerichtsverhandlung haben die Betroffenen später oft keine konkrete Erinnerung mehr. Die meisten gehen angstbesetzt in die Verhandlung und wissen dabei nicht, in welcher Funktion die am Verfahren Beteiligten mit ihnen reden. Die Ursache hierfür ist, dass es den Beklagten um ein möglichst annehmbares Urteil geht. Obwohl sie in der Verhandlung immer über ihre Rechte aufgeklärt werden, realisieren sie diesen Umstand aufgrund ihrer Angst oftmals nicht. Jugendliche wissen deshalb nur selten, welche Rechte sie überhaupt haben. Allerdings ist den meisten klar, mit welchen Konsequenzen sie rechnen müssen. Wird das Verfahren eingestellt, ist fast immer Erleichterung spürbar.

Der juristische Ansatz, Jugendliche durch das Gerichtsverfahren zu beeindrucken, ist deshalb als wenig wirkungsvoll anzusehen.

Wie sieht es hingegen mit den Sanktionserwartungen der Beklagten aus?

Die Aussagen der DCA-Crew sind exemplarisch für die meisten anderen Sprayer. Sie sind sich durchaus darüber im Klaren, dass sie strafbare Handlungen begangen haben. Sie erwarten auch eine entsprechende Reaktion. Unklar sind sie sich allerdings darüber, wie diese konkret aussehen soll.

Forschungen haben ergeben, dass der Ausstieg aus der Delinquenz durch ganz andere Faktoren verursacht wird. Einfluss haben zum Beispiel Freunde, die beim Erwischtwerden durch die Polizei Zeugen waren. Aber auch allein die Tatsache, auf frischer Tat ertappt zu werden, reicht manchmal aus. Die polizeilichen Vernehmungen sind ebenfalls sehr belastend, vor allem dann, wenn die Jugendlichen in Polizeigewahrsam genommen und erkennungsdienstlich behandelt werden.

Ein nicht zu unterschätzender Faktor für die zukünftige »Legalbewährung« junger Menschen ist die Beichte gegenüber den Eltern und deren Reaktion auf die Straftat.

Jugendliche, die eine Freundin besitzen, schämen sich oft. Auch wollen sie auf keinen Fall, dass ihr Strafverfahren im

Ausbildungsbetrieb bekannt wird. Sie befürchten den Verlust ihres Arbeitsplatzes. Zudem sind Ausbilder für Jugendliche auch heute noch Integrationsfiguren, die es nicht zu enttäuschen gilt.

Die Verknüpfung von Tat und Strafe

Die administrativen Verfahrenswege sind ein anderes Problem für die eigentlichen Absichten des Gesetzgebers. Zwischen Straftat und Eröffnung des Verfahrens liegen oft sechs Monate, häufig vergeht auch ein Jahr. Aber die Lebenswirklichkeit der Jugendlichen unterliegt einem sich ständig wandelnden, kurzlebigen Prozess. Meist erfolgt eine Sanktionierung leider erst dann, wenn der Jugendliche bereits schon in einem ganz anderen Kontext zu sehen ist als zum Zeitpunkt der Tat. Der Freundeskreis, mit dem man häufig um die Blöcke zog, ist aufgegeben, die erste ernsthafte Beziehung wird gelebt. Deshalb kann eine Sanktionierung, die jetzt noch erfolgt, keinen wirklichen Einfluss mehr auf den Jugendlichen haben.

Strenge Zuchtmittel wie Freizeit- oder Dauerarrest gefährden oft nur die positive Weiterentwicklung und sind im Sinne der Legalbewährung kontraproduktiv. Vertreter, die schärfere Gesetze fordern, und Anhänger der »short sharped shock«-Methode (Abschreckung durch ein einschneidendes Schockerlebnis) sollten bedenken, dass nur die direkte Konsequenz auf die Straftat in einem direkten, zeitnahen Bezug auch eine tatsächliche Wirkung erzielt. Bei den derzeitigen Verhältnissen ist dies aber eine Utopie. Sanktionen dienen heute vornehmlich der Vergeltung und Abschreckung.

Die Einstellung des Verfahrens durch den Staatsanwalt

Die letzten festgestellten Aktivitäten der DCA-Crew liegen bereits acht Monate zurück. Allein deshalb scheint es angebracht, kein Jugendgerichtsverfahren zu eröffnen.

Frau Gerber berichtet, dass die meisten Jugendlichen auch ohne jugendrichterliche Sanktion keine weiteren Straftaten begehen. Deshalb wurde in den letzten 15 Jahren das System der »Diversion« ausgebaut. Damit ist die Ableitung beziehungsweise Umlenkung eines Verfahrens gemeint. Die Staatsanwaltschaft erhält die Akten der Polizei und entscheidet selbstständig darüber, ob ein Verfahren eingestellt wird. Voraussetzung hierfür ist das Geständnis des Beschuldigten. In vielen Fällen wird positiv berücksichtigt, wenn sich der Jugendliche bereits mit dem Opfer oder dem Geschädigten auseinander gesetzt und sich Gedanken gemacht hat, wie die Straftat wieder gutgemacht werden kann.

Die Diversion erspart also den Jugendlichen ein belastendes Verfahren vor Gericht und umgeht formelle Strafverfahren im Bereich der Alltagskriminalität. Dieser Begriff umfasst alle Straftaten, die massenhaft im täglichen Leben auftreten. Und das können auch Raubdelikte oder Einbruchdiebstähle sein. In diesem Zusammenhang sind auch Sachbeschädigungen, wie etwa Graffiti-Straftaten, zu sehen. Alltagskriminalität darf jedoch nicht mit Bagatellkriminalität verwechselt werden!

Die Einstellung eines Verfahrens bezieht sich immer nur auf die strafrechtlichen Aspekte des Falls. Das wird von vielen Jugendlichen fehlinterpretiert. Wenn wenig später auch noch zivilrechtliche Forderungen an sie gestellt werden, ist das Erstaunen groß.

Das Erziehungsregister

Wenn Jugendliche glauben, mit einer Verfahrenseinstellung einen Freifahrtschein für weitere Straftaten zu erhalten, befinden sie sich im Irrtum. Alle Verfahrenseinstellungen und Verurteilungen werden im Erziehungsregister vermerkt, in das nur Staatsanwaltschaft und Jugendgericht Einblick haben. Bei allen weiteren Straftaten wird der Jugendliche als Wiederholungstäter betrachtet und muss mit weiter reichenden Sanktionen rechnen.

Im Erziehungsregister, dass nicht mit dem polizeilichen Führungszeugnis verwechselt werden darf, werden bis zum

24. Lebensjahr alle Straftaten beziehungsweise die daraus folgenden Sanktionen registriert. Das polizeiliche Führungszeugnis bleibt weiterhin unbelastet. Als nicht vorbestraft gilt ein Jugendlicher, wenn er eine Strafe auf Bewährung erhält und in der Bewährungszeit nicht auffällig wird. Vorbestraft ist man erst, wenn man eine mindestens einjährige Jugendstrafe verbüßt hat.

Diese Feinheiten sind für Eltern und Jugendliche von Bedeutung, denn oft muss bei der Bewerbung um eine Ausbildungsstelle angegeben werden, ob ein Jugendlicher vorbestraft ist. Sollte allerdings in Bewerbungsunterlagen die Frage nach möglichen Ermittlungsverfahren gestellt werden, ist eine Beantwortung im Einzelfall zu prüfen. Im Öffentlichen Dienst können zum Beispiel unrichtige Antworten zur Auflösung bestehender Arbeitsverhältnisse führen. Genau dieser Problematik wird sich später die DCA-Crew auch stellen müssen.

Der Jugendprozess

Sollte ein Jugendlicher wiederholt straffällig werden, wird das Verfahren in den meisten Fällen an das zuständige Jugendgericht abgegeben. Leichte Fälle werden vor einen Einzelrichter gebracht. Schwere Straftaten, die eine hohe Jugendstrafe vermuten lassen, verhandelt immer das Jugendschöffengericht (aus diesem Grund wird hier auf weitergehende Erklärungen verzichtet).

Beteiligung der Jugendgerichtshilfe

Die Sanktion im Jugendprozess richtet sich nach der Schwere der Straftat, dem Verhalten des Jugendlichen oder vielmehr danach, inwieweit sich der Jugendliche zu seiner Straftat bekennt. Entscheidend ist auch seine persönliche Entwicklung. Der Jugendrichter wird dazu die Vertreter der Jugendgerichtshilfe hören. Diese geben anschließend einen umfassenden Bericht über den Jugendlichen und eine Anregung zum Strafmaß.

Für Eltern und Jugendliche ist es ratsam, das Angebot auf Unterstützung durch die Jugendgerichtshilfe anzunehmen. Denn nur ein möglichst umfassendes Bild des Jugendlichen ermöglicht auch persönlichkeitsbezogene Maßnahmen.

Vor allem, wenn es um die Frage geht, ob bei dem Jugendlichen bereits schädliche Neigungen, sprich ungünstige Sozialprognosen vorliegen, die eine Jugendstrafe notwendig machen, ist die Zusammenarbeit mit der Jugendgerichtshilfe ein unverzichtbarer Bestandteil des Verfahrens. Darüber hinaus erfolgt im Vorfeld für den Jugendlichen eine Einstimmung auf den Prozess und gleichzeitig werden ihm seine Rechte noch einmal verdeutlicht.

Die Rechte des Angeklagten

Angeklagte haben nach deutschem Recht die Möglichkeit, Aussagen zur Straftat zu verweigern. Eine Tatbeteiligung muss ihnen im Verfahren nachgewiesen werden, das heißt: Sie müssen sich nicht selbst belasten. Wird die Straftat im Prozess jedoch nachgewiesen, dann muss mit einem härteren Strafmaß gerechnet werden. Ein Geständnis wirkt sich im Vergleich dazu meist strafmildernd aus.

Vor der Urteilsverkündung hat der Jugendliche die Möglichkeit, eine Stellungnahme abzugeben. Nach der Urteilsverkündung wird der Jugendliche gefragt, ob er das Urteil annimmt. Gleichzeitig wird er darüber aufgeklärt, dass er eine Woche lang die Möglichkeit hat, gegen das Urteil Berufung einzulegen. Vor allem für die Jugendlichen, die sich zu unrecht verurteilt fühlen, ist dieser Hinweis wichtig. Sie können dann versuchen, in der nächst höheren Instanz einen Freispruch zu erwirken.

Mögliche jugendrichterliche Sanktionen

Die Bandbreite der jugendrichterlichen Sanktionen ist groß. Einem Jugendlichen kann eine Arbeitsleistung, eine Geldbuße, die Teilnahme an einer sozialen Gruppenarbeit, ein Ortsverbot und auch regelmäßiger Schulbesuch auferlegt werden.

Freiheitsentziehende Maßnahmen sind der zweitägige Freizeitarrest, der viertägige Kurzarrest und der ein bis vier Wochen dauernde Dauerarrest. Arreste müssen immer verbüßt werden. Bei der Verhängung einer Jugendstrafe bis zu zwei Jahren besteht die Möglichkeit, diese auf Bewährung auszusetzen. Höhere Jugendstrafen müssen auf jeden Fall verbüßt werden. Im Gegensatz zum Erwachsenenstrafrecht, das auch Freiheitsstrafen von drei Monaten vorsieht, beginnt die Jugendstrafe mit sechs Monaten und ist damit deutlich höher. Begründet wird dies mit dem Erziehungsgedanken, da es gilt, den Jugendlichen »nachhaltig zu beeindrucken«.

Strafrechtliche Bestimmungen für Graffiti-Straftaten

Nach diesem Exkurs in die Welt der Jugendgerichtsbarkeit werden im Folgenden die für die Graffiti-Straftaten einschlägigen Gesetze zu Rate gezogen. Frau Gerber legt uns zunächst das Strafgesetzbuch vor.

Im Strafgesetzbuch sind alle Straftaten nach ihrem Inhalt und der Bandbreite möglicher Sanktionen beschrieben. Die inhaltliche Bestimmung einer Straftat gilt für Jugendliche, für Heranwachsende und für Erwachsene gleichermaßen.

Mögliche Verurteilungen stellen aber nur auf Erwachsene ab, denn wie bereits beschrieben, gilt für Jugendliche das Jugendgerichtsgesetz. Bei Heranwachsenden ergibt eine Einzelfallprüfung, nach welchem Recht geurteilt wird.

Im Folgenden beschränken wir uns auf die §§ 303 und 304 des Strafgesetzbuches, da die Sachbeschädigungsparagrafen auch auf Graffiti-Straftaten anzuwenden sind:

§ 303 StGB

Sachbeschädigung

(1) Wer rechtswidrig eine fremde bewegliche Sache beschädigt oder zerstört, wird mit Freiheitsstrafe bis zu zwei Jahren oder mit Geldstrafe bestraft.

(2) Der Versuch ist strafbar.

§ 304 StGB

Gemeinschädliche Sachbeschädigung

(1) Wer rechtswidrig Gegenstände der Verehrung einer im Staat bestehenden Religionsgesellschaft oder Sachen, die dem Gottesdienst gewidmet sind, oder Grabmäler, Naturdenkmäler, Gegenstände der Kunst, der Wissenschaft oder des Gewerbes, welche in öffentlichen Sammlungen aufbewahrt werden oder öffentlich aufgestellt sind, oder Gegenstände, welche zum öffentlichen Nutzen oder zur Verschönerung öffentlicher Wege, Plätze oder Anlagen dienen, beschädigt oder zerstört, wird mit Freiheitsstrafen bis zu drei Jahren oder mit Geldstrafe bestraft.

(2) Der Versuch ist strafbar.

Sind Graffitis Sachbeschädigung?

Die Staatsanwältin erzählt uns, wie sehr von Juristen und Geschädigten in hitzigen Debatten darüber gestritten wird, ob Graffitis als Sachbeschädigung anzusehen sind. Klar ist: Es gibt unterschiedliche Auffassungen hinsichtlich der Bedeutung des Sachbeschädigungsparagrafen für die Bewertung von Graffiti-Straftaten. Seit Jahren wird die Frage erörtert, ob der Tatbestand des § 303 StGB nur dann erfüllt ist, wenn die Substanz erheblich oder ihre Brauchbarkeit, vor allem im technischen Bereich, nachhaltig beeinträchtigt worden ist. Wir werden weiterhin darüber informiert, dass die gängige Rechtsprechung das Eigentum nur unzureichend schützt; dies gilt vor allem bei Störungen jeglicher Art. Eine Sache muss in ihrer bestimmungsmäßigen Brauchbarkeit mehr als nur unerheblich beeinträchtigt sein, erst dann wird von Substanzverletzung gesprochen. Der Begriff »Beschädigung« geht aber davon aus, dass diese tatsächlich erfüllt sein muss, das heißt, die bestimmungsgemäße Brauchbarkeit muss beeinträchtigt oder der Zustand einer Sache im Hinblick auf die Gebrauchsfähigkeit eingeschränkt sein.

In Graffiti-Prozessen, sagt Frau Gerber, werde oft die Frage gestellt, ob eine Brücke in ihrer Funktionstüchtigkeit durch Übersprühungen beeinträchtigt sei. Die reine Zustandsveränderung sei umstritten und werde in den Gerichtsprozessen uneinheitlich bewertet. Eine nur unerhebliche Beeinträchtigung oder Veränderung, die durch Reinigung ohne großen Aufwand behoben werden kann, ist demzufolge keine Sachbeschädigung. Der Tatbestand ist auch nicht erfüllt, wenn eine ordnungsgemäße Reparatur oder Reinigung des Schadens erfolgt.

Wird erst durch die Reinigung die Sache in ihrer Substanz verletzt, so verwenden viele Richter den Sachbeschädigungsparagrafen. Diese Auslegung ist unter Fachleuten nicht unstrittig.

Bisher reicht also der Gestaltungswille des Eigentümers nicht aus, um den Tatbestand der Sachbeschädigung zu erfüllen. Die Ermittlungen sind deshalb schwierig und mit einem hohen Aufwand verbunden. Die Substanz der Sache muss im Einzelnen beschrieben und der Erhaltungszustand festgestellt werden.

Oft sind Gutachten erforderlich, die über die Substanz der betreffenden Sache Auskunft geben. Erst danach kann eine Tatbestandfeststellung erfolgen. Wenn ein Gutachten belegt, dass keine Verletzung der Substanz vorliegt, werden Sprayer oft freigesprochen. Meist handelt es sich allerdings um Sprayer, die im großen Stil *getaggt* und von ihren Rechtsanwälten den Rat erhalten haben, im Prozess die Aussage zu verweigern.

Um dem ein Ende zu bereiten, wurde ein Gesetzentwurf in den Bundesrat eingebracht, der die §§ 303/304 StGB um das Merkmal der Verunstaltung ergänzen sollte. Dieser scheiterte, da die Auslegung des geltenden Paragrafen genug Möglichkeiten für die Rechtssprechung zulässt.

»Ich kann dem soweit zustimmen. Aber aus meiner Sicht muss die Auslegung des Paragrafen die Zustandsverletzung einheitlich zulassen. Graffiti-Straftäter sind meistens Jugendliche, und es ist natürlich pädagogisch äußerst fragwürdig, wenn ausgerechnet die in der Szene bekannten Sprayer aus den Verfahren mit Freisprüchen herausgehen, weil es einen philosophischen Rechtsstreit gibt, und Ersttäter, die ihre Tat zugeben, zugleich sanktioniert werden«, fährt Frau Gerber fort.

Eine einheitliche Rechtsprechung ist unabdingbar, will man juristisches Denken und pädagogisches Interesse nicht voneinander abkoppeln. Es stellt sich die Frage nach der Glaubwürdigkeit des Erziehungsgedankens.

Damit es überhaupt zu einer Strafverfolgung nach § 303 StGB kommt, muss im Vorfeld durch einen Geschädigten ein entsprechender Strafantrag gestellt werden.

Im Gegensatz hierzu ist § 304 StGB ein Offizialdelikt, und es erfolgt automatisch ein behördliches Ermittlungsverfahren, insbesondere dann, wenn schützenswerte Einrichtungen oder Denkmäler beschädigt wurden.

Zivilrechtliche Forderungen an Graffiti-Straftäter

Neben den Bestimmungen des Strafgesetzbuches sind die Ansprüche der Geschädigten zu beachten. Der entsprechende Passus findet sich im Bürgerlichen Gesetzbuch (BGB) § 823.

BGB § 823

[Schadensersatzpflicht] (1) Wer vorsätzlich oder fahrlässig das Leben, den Körper, die Gesundheit, die Freiheit, das Eigentum oder ein sonstiges Recht eines anderen widerrechtlich verletzt, ist dem anderen zum Ersatze des daraus entstehenden Schadens verpflichtet.

(2) Die gleiche Verpflichtung trifft denjenigen, welcher gegen ein den Schutz eines anderen bezweckendes Gesetz verstößt. Ist nach dem Inhalte des Gesetzes ein Verstoß gegen dieses auch ohne Verschulden möglich, so tritt die Ersatzpflicht nur im Falle des Verschuldens ein.

Es sei noch einmal daran erinnert, dass ungeachtet der strafrechtlichen Sanktion die Täter immer auch mit möglichen zivilrechtlichen Ansprüchen der Geschädigten rechnen müssen. Diese können ihre Ansprüche geltend machen und Schadensersatz fordern. Die Forderung ergeht immer an den Sprayer selbst.

Oft besteht in diesem Zusammenhang große Rechtsunsicherheit, da Eltern der Meinung sind, dass sie für ihre Söhne haften. Dem ist aber nicht so!
Bis zum 7. Lebensjahr ist ein Kind generell vor Haftungsansprüchen geschützt. Im Schadensfall wird dann geprüft, ob die Eltern ihrer Aufsichtspflicht nachgekommen sind. Nur wenn dies verneint werden kann, können die Eltern haftbar gemacht werden. Versicherungen, die eine Familienhaftpflicht anbieten, folgen hier sehr engen Regeln. Viele Geschädigte erhalten keinen Schadensersatz, da den Eltern eine entsprechende Verletzung der Aufsichtspflicht nicht nachgewiesen werden kann.
Kinder können ab dem 7. Lebensjahr in der Familienhaftpflicht mitversichert werden. Es ist wichtig zu wissen, dass vorsätzlich begangene Schäden, und dazu zählen auch die Schäden durch Graffitis, von Versicherungen nicht ersetzt werden.
Die Schadensersatzansprüche der Geschädigten richten sich, wie gesagt, immer an den Verursacher, sprich den Sprayer selbst. Die Jugendlichen können für die von ihnen verursachten Schäden haftbar gemacht werden, obwohl

viele der festen Überzeugung sind, dass ihnen nach der strafrechtlichen Verurteilung nichts mehr passiert. Nicht selten hört man das Argument: »Ich bin schließlich Schüler und verdiene nichts.« Dass dies ein folgenschwerer Irrtum ist, stellt sich spätestens dann heraus, wenn die ersten Forderungen vonseiten der Geschädigten eintreffen.

Jeder Geschädigte hat die Möglichkeit, nach einem entsprechenden Mahnverfahren einen Beschluss, juristisch gesprochen einen »Titel«, beim Amtsgericht zu erwirken. Dieser ist dann 30 Jahre wirksam. Und ein vormals vielleicht kleiner Schaden wächst mit Zinseszins schnell auf eine für den Jugendlichen unvorstellbar hohe Summe an.

Hinzu kommt, dass ein Geschädigter, selbst wenn es sich um eine gemeinschaftliche Tat handelt, das Recht hat, die gesamte Schadenssumme nur von einem Täter einzufordern. Verursacher haften, selbst wenn alle Beteiligten bekannt sind, immer gesamtschuldnerisch. Sollte einer der Täter anders als die anderen Beklagten bereits Geld verdienen, wird sich ein Geschädigter mit Sicherheit an diesen wenden. Dann muss dieser Beklagte die Gesamtsumme zunächst allein bezahlen. Er selbst hat aber nur die Möglichkeit, seine Aufwendungen von seinen Mittätern einzufordern. Wer die Verbindlichkeiten von Jugendlichen kennt, kann sich sicherlich vorstellen, dass Freundschaften unter einem solchen Druck schnell zerbrechen. Der Gesetzgeber hat hier aber zurecht den Geschädigten geschützt, damit er nicht von mehreren Tätern das Geld eintreiben muss. Abgesehen davon entstehen Geschädigten ja auch Unkosten durch das Mahnverfahren und das Erwirken eines Titels.

Jugendliche nehmen die zivilrechtlichen Folgen einer Straftat nicht ernst genug. Die Mahnschreiben werden verlegt oder weggeworfen, frei nach dem Motto: Was nicht mehr da ist, belastet auch nicht. Erfahrungsgemäß hat es keinen Sinn, den Kopf in den Sand zu stecken. Nur eine Auseinandersetzung mit dem Sachverhalt führt auch zu möglichen Lösungen.

Gesetzliche Grundlagen versus Realität

Während unserer Auseinandersetzung mit dem Thema Straf- und Zivilrecht stellten wir fest, dass in der Vergangenheit die konsequente Durchsetzung beider Gesetzgebungen bereits daran scheiterte, dass viele Hauseigentümer überhaupt keinen Strafantrag stellten. Die wenigen zur Anzeige gebrachten Vorfälle wurden dann strafrechtlich verfolgt und, soweit es die Beweisführung zuließ, auch verurteilt. Über den Ausgang der Strafverfahren wurden die Geschädigten nur selten in Kenntnis gesetzt. In der Regel blieb es ihnen selbst überlassen, sich die betreffenden Informationen zu beschaffen, denn hierfür gibt es keine festgeschriebene Vorgehensweise. In den meisten Fällen erfolgt, da die Täter nicht zu ermitteln sind, nach kurzer Zeit die Einstellung des Verfahrens. Hierüber werden die Geschädigten auch von der Staatsanwaltschaft informiert.

Wird ein Sprayer jedoch später beim Sprühen erwischt und können ihm dann auch noch verschiedene *tags* aus der Vergangenheit zugeordnet werden, so wird er verurteilt. Der Geschädigte indes, der ja nur weiß, dass das ursprüngliche Verfahren eingestellt ist, erhält von der neuen Ausgangslage keine Kenntnis.

Deshalb werden die wenigsten zivilrechtlichen Ansprüche weiterverfolgt. Die jungen Sprayer bekommen dann zurecht den Eindruck, dass alles erledigt ist. Und die Hauseigentümer sind angesichts dieser Verfahrensweise oft enttäuscht und stellen nie wieder Strafanträge. Hinzu kommt, dass die meisten gefassten Sprüher als Schüler oder Auszubildende zum Zeitpunkt der Verurteilung mittellos waren. Zudem weiß jeder, dass es fast aussichtslos ist, in einem absehbaren Zeitraum die entstandenen hohen Kosten erstattet zu bekommen. Auch dies ist ein Grund für die Resignation der Geschädigten.

Oft werden frisch renovierte Wände erneut übersprüht. Einige betroffene Hauseigentümer und auch die großen Wohnungsbaugesellschaften vertreten die irrige Ansicht, dass ein Entfernen der *tags* nichts bringt. Da sie weiterhin davon ausgehen, dass die Jugendlichen kein Geld haben, verzichten sie darüber hinaus auf eine Zivilklage. Hier fehlen Vermittler und entsprechende Alternativen, um die Ansprüche der Geschädigten auf Schadensersatz durchzusetzen.

Dort, wo Missstände erkannt werden, eine unmittelbare Abwendung jedoch nicht möglich ist, wird der Ruf nach härteren Strafen laut. Dabei hat der Gesetzgeber ein ausreichendes Instrumentarium geschaffen, um mit Sachbeschädigungen umzugehen.

In der Diskussion mit der Staatsanwältin und dem Mitarbeiter der Polizei wurden zunächst die strafrechtlichen Konsequenzen angesprochen. Dabei wurde allen Beteiligten klar, dass nur ein generelles Umdenken eine langfristige Lösung des Graffiti-Problems ermöglichen kann.

Alle uns bekannten Sprayer erklären auf die Frage, ob sie denn kein Unrechtsempfinden haben, dass dies nicht so einfach sei. Natürlich wissen sie, dass sie strafbare Handlungen begehen. Aber genauso klar ist, dass die Regeln der Szene stärker sind. Eigentlich soll ja niemand geschädigt werden, aber es wird in Kauf genommen, da sonst kein Ruhm zu ernten ist. Und die in der Szene berühmten Sprayer, die erwischt wurden, haben schließlich schon jede Menge Strafen bekommen und leben gut dabei. Für Jugendliche wie Jonas und Matthias sind dies eher Gründe, weiterzusprayen, denn wer schon so viel mitgemacht und sich trotzdem immer noch der Sache verschrieben hat, ist ein Held. Richterliche Sanktionen stellen also nur in begrenztem Umfang eine Lösung dar.

Aber wenn ein Jugendlicher kein Geld hat, um den Schaden wieder gut zu machen, und auch die Geschädigten ihre Ansprüche nicht verfolgen, was ist dann das geeignete Mittel, um das Sprayen einzudämmen? Die Jugendlichen verfügen alle über Arbeitskraft und haben außerdem an den Wochenenden Zeit. Und so denken wir zum ersten Mal über eine mögliche Schadensregulierung in Form von Arbeitsleistung nach.

Straf- und zivilrechtliche Aspekte

Die Jugendlichen beheben die von ihnen verursachten Schäden durch körperlichen Einsatz selbst.

Zunächst ist es erforderlich, dass wirklich alle Strafanträge vorhanden sind und den Ermittlungsakten eine aktuelle Liste aller Geschädigten beigelegt ist. Außerdem sollen alle Geschädigten befragt werden, ob sie bereit sind, sich an dem neuen Schadenswiedergutmachungs-Programm zu beteiligen. Es werden Möglichkeiten gesucht, wie die Geschädigten Informationen über den tatsächlichen Ausgang eines Verfahrens und ihre möglichen Rechtsansprüche erhalten können. Zunächst gilt es, ein geeignetes Programm zur Schadensregulierung auszuarbeiten. Die Geschädigten sollen dann auch durch das Jugendamt über die Möglichkeiten der Schadensregulierung informiert werden. Danach ist geplant, gemeinsam Ideen zu entwickeln, wie im Einzelfall durch Säuberung, Überstreichen oder entsprechende Ersatzarbeiten Schäden beseitigt werden können.

Die Schadensbehebung verhindert Schlimmeres.

Frau Gerber kommentiert unsere Absicht mit dem Satz: »Ist ein Schaden behoben, ist keine Strafverfolgung mehr erforderlich, und das Verfahren kann eingestellt werden.«

Dieses Vorgehen setzt in allen Köpfen ein Umdenken voraus, da bei dieser Sichtweise nicht das Bedürfnis, eine Straftat zu sanktionieren, sondern die ernsthafte Wiedergutmachung des Schadens im Vordergrund steht. Und die Jugendlichen sollen durch aktives Handeln für ihre Taten in die Verantwortung genommen werden.

Einheitliches Vorgehen ist erforderlich – Tipps für Juristen

✼ Für die Arbeit der Justiz ist eine umfassende Information über die Gesamtzusammenhänge der Graffiti-Szene unverzichtbar. Darüber hinaus scheint eine bundesweit einheitliche Vorgehensweise dringend geboten.

✼ Ein Lösungsansatz ist durch die Weisungen im Bereich des Täter-Opfer-Ausgleiches auf der Grundlage von § 10 JGG gegeben. Auf diese Weise kann eine Verbindung zwischen Straf- und Zivilrecht hergestellt werden.

✼ Bei geständigen Tätern, die darüber hinaus bereit sind, Schäden zu regulieren, sollte ebenfalls mit der Einstellung des Verfahrens reagiert werden.

✼ Schadenshöhe und mögliche Sanktionen sollten nicht zwingend in Relation zueinander gesetzt werden.

✼ Graffiti gehört in den Bereich der Massendelikte, und umfangreiche Schäden entstehen sehr schnell. Dies ist allerdings kein Zeichen für einen hohen Kriminalitätswert des Delikts. Deshalb sollte über eine Entkriminalisierung von Graffiti-Straftaten nachgedacht werden.

✼ Falls ein Verfahren nach zunächst erfolgter Einstellung wieder aufgenommen wird, sollten auch die Geschädigten entsprechend informiert werden.

✼ Ein interdisziplinäres Vorgehen von Polizei, Staatsanwaltschaft, Ordnungsbehörden, Jugendamt und Geschädigten ermöglicht neue Lösungsansätze.

✼ Sollten Sie als Rechtsanwalt einen Jugendlichen vertreten, so vergessen Sie bitte nicht den erzieherischen Auftrag des Gesetzes.

Die Sichtweise der Polizei

Wir diskutieren zwei Stunden in Frau Gerbers Büro über mögliche Konsequenzen und ein notwendiges Konzept. Auch der ermittelnde Beamte, Herr Hansen, sieht es als notwendig an, ein gemeinsames Programm zu entwickeln.

Jugendsachbearbeiter

Herr Hansen erzählt, dass es in den Polizeiinspektionen seit einiger Zeit besondere Jugendsachbearbeiter gibt (in den einzelnen Bundesländern z. T. unter anderen Bezeichnungen). Die Spezialisierung erfolgte, da viele Polizeibeamte in den Polizeiinspektionen zu alt waren, um sich auf die Besonderheiten der Jugendkriminalität einzustellen. In den polizeilichen Schulungen wurde festgestellt, dass viele Beamte selbst Väter von Kindern dieser Altersstufe sind. Der Generationenkonflikt übertrug sich natürlich auch auf ihre Arbeit. Sie konnten weder die Jugendlichen noch ihre Sprache verstehen. Viele Polizeibeamte waren nicht in der Lage, auf die speziellen Formen der Jugendstraftatbestände entsprechend einzugehen.

Die Jugendsachbearbeiter sind Ansprechpartner für die Jugendlichen und werden entsprechend ausgebildet. Sie sind in erster Linie in der Ermittlungsarbeit tätig und suchen schwerpunktmäßig die Orte auf, an denen Jugendliche anzutreffen sind bzw. Jugendkriminalität zu erwarten ist.

Jugendkontaktbeamte

In vielen Großstädten wurden darüber hinaus Stellen für so genannte Jugendkontaktbeamte geschaffen. Die Jugendkontaktbeamten sollen präventiv die Schulen aufsuchen, den Unterricht begleiten, Basketball- oder Streetball-Turniere anbieten, also Kontakt zur Jugendszene aufnehmen.

Von Jugendkontaktbeamten wird auch erwartet, dass sie mit den Jugendämtern eng zusammenarbeiten. Sie sind ebenfalls Ansprechpartner für gefährdete Jugendliche. Jugendkontaktbeamte sind aber Polizeibeamte und keine Sozialarbeiter. Damit Jugendliche erkennen können, mit wem sie es zu tun haben, gibt es über die Aufgaben und Funktionen von Jugendkontaktbeamten genaue Absprachen zwischen den Jugendämtern und der Polizei. Das schafft nicht zuletzt Klarheit über die jeweiligen spezifischen Aufgaben.

Der Umgang mit Jugendlichen

Herr Hansen erklärt, dass die neu geschaffenen Stellen einerseits eine Reaktion auf die steigende Jugendkriminalität sind, andererseits aber dadurch zugleich deutlich gemacht wird, dass der Umgang mit jugendlichen Delinquenten eine besondere Vorgehensweise vonseiten der Polizei erfordert. Jugendkriminalität ist eben Alltagskriminalität. Was das konkret bedeutet, zeigen die folgenden Beispiele.

❧ **Beispiel 1:**
Matthias berichtet, dass er eines Abends unterwegs war. Er hatte an diesem Abend überhaupt nicht gesprüht. Trotzdem wurde er von der Polizei angehalten und durchsucht. Matthias hielt sich in einer Gegend auf, die seit längerer Zeit von jungen Sprayern heimgesucht wird, und die Polizei verfolgte bereits seit mehreren Wochen eine heiße Spur. An dem besagten Abend hatte ein Vermieter bei der Polizei angerufen und erklärt, dass er in unmittelbarer Nähe einen Jugendlichen bei einer Sprühaktion beobachtet hatte. Als die Polizei eintraf, war der Sprayer verschwunden. Einige Straßen weiter trafen die Beamten dann auf Matthias. Er zeigte alle typischen Merkmale eines Sprayers und trug zudem einen Rucksack. Also hielten sie Matthias an und baten ihn um seinen Personalausweis. Anschließend durchsuchten sie seine Kleidung und den Rucksack. Auch wenn Matthias in diesem Fall unschuldig war, so gelang es

der Polizei mit genau diesem Vorgehen, noch in derselben Nacht den tatsächlichen Sprayer festzunehmen. Die Vorgehensweise der Polizei war rechtens, Matthias jedoch fand sich ungerecht behandelt.

🍀 **Beispiel 2:**
Sven erzählt, dass er beim Sprayen erwischt und zur Polizeiwache mitgenommen wurde. Er musste die ganze Nacht in Polizeigewahrsam verbringen. Unterdessen fuhren die Beamten zu seinen Eltern und durchsuchten Svens Zimmer. Sie nahmen sein *blackbook*, mehrere Eddingstifte und einige Sprühdosen mit. Sven war empört, zumal man ihm diese Gegenstände nicht zurückgab. Er möchte sie unbedingt wieder haben und versteht auch nicht, warum die Polizei, als sie die Wohnung eines Freundes durchsuchte, einen Durchsuchungsbefehl hatte, bei ihm jedoch nicht.

Auch im Fall von Sven, so Herr Hansen, sei korrekt vorgegangen worden. Zunächst wurde Sven auf die Polizeiinspektion gebracht und über Nacht in Gewahrsam behalten. Die Polizei ging davon aus, dass Sven im anderen Fall nach Hause gegangen wäre und Beweismittel beseitigt hätte. Man spricht hierbei von der so genannten »Verdunkelungsgefahr«. Um dies abzuwenden, haben die Beamten eine sofortige Durchsuchung durchgeführt. Ein Hausdurchsuchungsbefehl ist in diesem Fall nicht erforderlich. Natürlich darf die Polizei nur das Zimmer des Jugendlichen sowie Dachboden und Keller durchsuchen. Es geht ausschließlich darum, Beweismittel sicherzustellen. Mal-Utensilien werden dabei ebenso mitgenommen wie das *blackbook*, auch wenn Sven das bedauern mag. Das *blackbook* dient der Entzifferung der *tags* und der Identifizierung derjenigen Graffitis, die Sven gemalt hat, als er erwischt wurde. Außerdem können so auch die Eintragungen anderer Sprayer untersucht werden. Sven hat später zwar die Möglichkeit, einen Antrag auf Rückgabe seines *blackbooks* zu stellen, aber in den meisten Fällen wird es als »Asservat« einbehalten, was vom Staatsanwalt oder Jugendrichter bestätigt wird. Die

Verliert ein Sprayer sein »blackbook«, so verliert er damit einen Teil seiner Identität.

Aussichten, dass Sven sein Skizzenbuch jemals wieder bekommt, sind nicht gut.

Im Falle seines Freundes musste die Polizei einen Durchsuchungsbefehl erwirken. Er wurde bereits seit längerer Zeit verdächtigt, in größerem Umfang zu *taggen*. Die Polizei konnte ihm aber eine Tatbeteiligung bisher nicht nachweisen. Da davon auszugehen war, dass eine Durchsuchung der Wohnung Aufschluss bringen würde, wurde ein entsprechender Durchsuchungsbefehl vom Richter erlassen. Der Richter ging von einem dringenden Tatverdacht aus. Wie sich später herausstellte, konnte dem Jugendlichen aufgrund von Vergleichen das Sprühen eines *tags* nachgewiesen werden, und so gab er die Tat schließlich zu.

Unverhältnismäßiges Polizeihandeln

Wir fragen Herrn Hansen, ob und in welcher Form sich die Jugendlichen, wenn sie sich ungerecht behandelt fühlen, gegen die Maßnahmen der Polizei wehren können. Immer wieder kommt es zu körperlichen Auseinandersetzungen zwischen Polizeibeamten und Jugendlichen, und das nicht nur bei der Festnahme von Sprayern. Diese Widerstandshandlungen sind dann ein weiterer Straftatbestand.

»Natürlich haben auch Jugendliche das Recht, sich gegen ein unverhältnismäßiges Eingreifen der Polizei zu wehren«, sagt Herr Hansen. »Aber nicht in Form von körperlichen Attacken gegen die Polizeibeamten!« Er rät, zunächst die Polizeimaßnahmen und alle anderen Ermittlungstätigkeiten über sich ergehen zu lassen. »Ein Jugendlicher weiß in der Regel nicht, welche Rechte die Polizei hat – und für eine Situation, in der er selbst Betroffener ist, gilt das erst recht.« Aber Herr Hansen weiß, dass es auch zu Übergriffen kommt. Für diesen Fall rät er den betroffenen Jugendlichen, sich schriftlich bei der betreffenen Polizeiinspektion zu beschweren. Herr Hansen erklärt uns, dass es bei der Polizei eine Abteilung gibt, die ausschließlich Beschwerden entgegennimmt. Diese werden auch gewissenhaft geprüft. »Jetzt werden viele Jugendliche vielleicht sagen, was soll das, die sitzen doch sowieso am längeren Hebel. Doch das ist zu kurz gedacht. Manchmal ist bei der ersten Beschwerde das Fehlverhalten eines Beamten noch nicht nachzuweisen. Fällt der Beamte aber wiederholt auf, dann muss er mit Konsequenzen rechnen.« Herr Hansen erzählt, dass solche Beamte versetzt werden, neue Partner zugeordnet bekommen oder unter Umständen sogar aus dem Polizeidienst entlassen werden. »Wir können uns schwarze Schafe nicht erlauben. Unsere Beamten werden in Schulungen fit gemacht, damit sie mit Provokationen besser umgehen oder in emotional aufgeheizten Situationen angemessen reagieren können«, erklärt er abschließend.

Feindbild Polizei

Gerade Graffiti-Sprayer kultivieren ein starkes Feindbild gegenüber der Polizei. Was zunächst wie ein Räuber- und Gendarm-Spiel beginnt, wird zum ernsten Konflikt, sobald Sprayer zum ersten Mal erwischt werden. Herr Hansen lacht: »Natürlich lieben uns die Sprayer nicht. Immerhin fahren wir durch die Straßen und fotografieren ihre *tags*. Wir haben hierfür mittlerweile sogar eine Digitalkamera angeschafft. Die Bilder werden anschließend sofort in den Computer eingegeben und mit anderen *tags* verglichen. Viele Bilder können wir so direkt zuordnen. Dann folgt eine Vernehmung der Jugendlichen. Unser Ziel ist die Datenvernetzung zwischen allen Polizeiinspektionen. Langfristig wollen wir auch städteübergreifend arbeiten. Für Graffiti-Sprayer hat das Computerzeitalter also auch negative Aspekte«, sagt er lachend. »Zudem gibt es mittlerweile in einigen Polizeiinspektionen spezielle Graffiti-Sachbearbeiter. Aber wir suchen trotzdem den Kontakt zu den Sprayern, und unsere Jugendkontaktbeamten begleiten natürlich auch die legalen Spray-Aktionen. Dann schützen die Kollegen die Jugendlichen auch schon mal vor aufgebrachten Passanten. Sie werben um Verständnis und erklären, warum legale Aktionen unterstützt werden. Wir wollen keine Konfrontation mit den Sprayern, allerdings machen wir ihnen klar, dass ausschließlich das legale Sprayen in Ordnung ist. Illegales *taggen* ist Sachbeschädigung, und das zieht Ermittlungen nach sich – mit allen daraus folgenden Konsequenzen.«

Polizeiliche Unterstützung legaler Aktionen

Nun wissen wir, dass nicht alle Polizeibeamten so denken wie Herr Hansen. Viele glauben, dass das legale Sprayen nur das illegale Sprayen fördert. In einigen Städten wurden bis zu 35 % mehr *tags* nach legalen Aktionen festgestellt. Das direkte Wohnumfeld war besonders betroffen. In anderen Städten hingegen konnte solch ein Anstieg jedoch nicht bestätigt werden. Die legalen Aktionen werden nicht zuletzt deshalb unterstützt, weil mittlerweile viele Sprayer ausschließlich legal malen. Oft sind es Sprayer, die früher illegal gemalt haben und dabei erwischt wurden. Andere, die einen direkten Einstieg über das legale Sprayen wählen, würden sicherlich illegal *taggen*, wenn sie keine andere Möglichkeit hätten.

Natürlich soll bei solchen legalen Aktionen auch das künstlerische Potenzial der Jugendlichen gefördert werden. Mittlerweile betrachtet selbst die Polizei Graffitis als jugendkulturelle Strömung.

Das Feindbild aufweichen

»Wir wollen das seit Jahrzehnten zwischen Jugendlichen und Polizei bestehende Feindbild aufweichen. Deshalb unterscheiden wir zwischen Anfängern, Fortgeschrittenen und dem harten Kern«, erklärt uns Herr Hansen die neue Strategie der Polizei. Und nach Auffassung der Polizei sollten diese Gruppen auch unterschiedlich sanktioniert werden.

- Die Anfängergruppe besteht aus Kindern und Jugendlichen, die noch nicht lange in der Szene sind, aber bereits erwischt wurden. Anfänger sind oft gut beeinflussbar, und Herr Hansen geht davon aus, dass harte Strafen nicht erforderlich sind. Das Säubern der Wand oder eine andere vergleichbare Ersatzstrafe sieht er als ausreichend an. Bei Anfängern sieht er gute Möglichkeiten, durch Aufklärungsarbeit zum Erfolg zu kommen. Die Jugendlichen sollen umfassend über die strafrechtlichen und zivilrechtlichen Konsequenzen ihres Handelns aufgeklärt werden. In dieser Phase haben Jugendkontaktbeamte noch großen Einfluss.

- Als Fortgeschrittene werden Sprayer betrachtet, die engen Kontakt zur Szene haben oder bereits integriert sind. Die Begeisterung für die Sache und die Übernahme der szenetypischen Einstellungs- und Verhaltensmuster sind nach Herrn Hansen charakteristisch für diese Gruppe. Die Jugendlichen malen seit einiger Zeit und versuchen, durch Wettstreit Ruhm und Anerkennung zu finden. Manche sind bereits organisiert oder bilden eine eigene *crew*. Hier ist eine Beeinflussung weitaus schwieriger. Die Polizei geht davon aus, dass in diesem Fall Aufklärung wichtig ist, Sanktionen aber auch schon verhängt werden sollten. Staatsanwaltliche Ermittlungen und eine mögliche Einstellung des Verfahrens bei geständigen Jugendlichen sieht Herr Hansen als erste Stufe konsequenten Einschreitens. Auch eine Schadenswiedergutmachung sollte durchgeführt werden, damit die Jugendlichen künftig nicht mehr illegal sprayen.

- Den harten Kern bilden die Jugendlichen, die schon lange malen, in der Szene *fame* haben und für viele große Bilder verantwortlich sind. Schon häufiger standen sie deshalb vor Gericht und kennen die jugendrichterlichen Maßnahmen aus eigener Erfahrung. Hier sieht Herr Hansen keine günstige Sozialprognose. Er fordert härtere Sanktionen, und das können bei völlig uneinsichtigen Sprayern sogar Jugendstrafen sein.

Während Herr Hansen dies alles erzählt, fallen immer wieder die Worte Prävention und Kriminalprävention, Begriffe aus der Alltagsarbeit der Polizei.

Kriminalprävention

»Ich muss der Erklärung des Begriffs Kriminalprävention eines vorausschicken«, sagt Herr Hansen, »denn in Gesprächen mit Geschädigten wurde immer wieder der Ruf nach härteren Gesetzen laut. Viele gehen davon aus, dass nur ein härteres Durchgreifen zur Eindämmung des Graffiti-Problems führen kann. Dem setzen wir entgegen, dass ein Problem erst durch eine härtere Gesetzgebung verschärft wird, weil dadurch eine Polarisierung einsetzt. Hinzu kommt, dass wir dann über ein Ansteigen von Kriminalität sprechen, wenn bestimmte Straftaten in der Polizeistatistik besonders häufig vertreten sind. Das ist aber problematisch, denn werden Polizeieinsätze bei Straftaten und weiteren Ermittlungen intensiviert, steigt auch immer das Fallaufkommen.«

Konzentrierte sich die Polizei vor Jahren verstärkt auf die so genannte Ritzelkriminalität, das Frisieren von Mofas, wurden durch intensivere Polizeikontrollen vermehrt Jugendliche angehalten und natürlich verstärkt auch manipulierte Mofas entdeckt. In der Polizeistatistik waren die Mofadelikte fortan mit steigender Tendenz zu verzeichnen. Als dann andere Straftaten vorrangiger zu sehen waren, hatte man nach kurzer Zeit den Eindruck, als gäbe es keine Mofadelikte mehr.

Bezogen auf das Graffiti-Problem bedeutet eine Ausweitung polizeilicher Aktivitäten:

- erhöhte Polizeipräsenz in den Vororten,
- Intensivierung der Polizeiarbeit auf diesen Straftatbestand hin,
- steigende Ermittlungszahlen,
- eine steigende Anzahl von Strafanträgen und damit
- eine erhöhte Zahl der registrierten Straftaten.

Die Fallzahlen steigen also, je mehr sich die Polizei in ihrer Ermittlungstätigkeit auf eine bestimmte Straftat konzentriert. Bürger, die Polizeistatistiken in den Zeitungen lesen, sind aus diesem Grund oft verunsichert und glauben, dass es wesentlich mehr Graffiti-Straftaten gibt als noch vor Jahren.

Die Rückschlüsse, die daraus gezogen werden, müssen genau definiert werden. Mit dem Polizeibeamten sind wir uns einig, dass wir genau dies mit unserem neuen Programm bewirken wollen.

»Der Ruf nach härteren Gesetzen ist oft mit der Erwartung verbunden, dass hiermit eine abschreckende Wirkung erzielt wird«, sagt Herr Hansen. »Die Rückfallquoten nach langen Jugendstrafen oder auch nur Arresten sprechen da eine andere Sprache. Und so ist immer wieder von der Kriminalprävention die Rede. Gemeint ist damit, Straftäter unter Einbeziehung ihrer gesamten Persönlichkeit sowohl von juristischer als auch jugendpolitischer Seite von der Begehung weiterer Straftaten abzuhalten. Das bedeutet, dass nicht Abschreckung durch härtere Strafen die Jugendlichen zu gesetzestreuen Bürgern erzieht. Vielmehr erreichen das die Strafverfolgungsbehörden in Zusammenarbeit mit den Jugendbehörden oder dem Gesundheitsamt. Ziel dieser Behörden ist es, gemeinsame Konzepte zu entwickeln. Es ist also eine Aufgabe der Gesellschaft, Jugendliche von Normenverletzungen abzuhalten.

Bei diesen Überlegungen müssen außerdem die lokalen Gegebenheiten berücksichtigt werden, die einen bestimmten Straftatbestand erst ermöglichen. Graffiti-Straftaten werden vornehmlich in Großstädten beziehungsweise in industriellen Ballungsgebieten begangen. Der ländliche Raum ist wesentlich unattraktiver für einen Sprayer. Es ist also erforderlich, dass ein Maßnahmenkatalog unter Berücksichtigung der spezifischen örtlichen Gegebenheiten entwickelt wird.

Das Modell der Primär-, Sekundär- und Tertiärprävention lässt sich auch auf Graffiti-Straftaten anwenden, und aus den Rückschlüssen können Handlungsansätze abgeleitet werden.

Primärprävention

Die Primärprävention, die Kriminalität verhindern soll, verfolgt das Ziel, »das Übel an der Wurzel zu packen«. Dies geschieht, indem der Sinn von Normentreue verdeutlicht und das Rechtsempfinden gestärkt wird. Die Persönlichkeitsstruktur des Täters und seine Sozialisationsbedingungen müssen berücksichtigt werden.

Das bedeutet für die Graffiti-Szene:

- Reduzierung der Straftaten durch Kenntnis der Szene,
- Information der Jugendlichen über mögliche Konsequenzen,
- Stärkung des Rechtsempfindens,
- Reduzierung der Anreize im direkten Umfeld.

Mögliche Handlungsansätze:

- Beratungen für Schüler und Eltern,
- Informationsveranstaltungen an Schulen,
- Graffitiworkshops in den Freizeiteinrichtungen,
- Einsatz von Jugendkontaktbeamten.

Sekundärprävention

Bei der Sekundärprävention werden die Voraussetzungen für das Begehen einer Straftat untersucht. Dann werden Maßnahmen ergriffen, zum Beispiel durch technische Hilfsmittel, die das Begehen einer Straftat erschweren und letztlich vermeiden helfen: Objektsicherungen erschweren eine Tat. Die Gefahr, entdeckt zu werden, muss groß sein. Ein Jugendlicher, der davon ausgeht, dass eine Tat erfolglos ist, wird sie unterlassen. Hierfür muss die Polizeipräsenz verstärkt und die aufsuchende Sozialarbeit unterstützend tätig werden.

Das bedeutet:

- Videoüberwachungen an Bahnhöfen und Depots,
- verstärkter Einsatz von Digitalfototechnik,
- lokale und regionale Vernetzung des Datenmaterials in den Polizeiinspektionen.

Mögliche Handlungsansätze:

- verstärkte Polizeipräsenz in gefährdeten Regionen, um potenzielle Straftäter abzuwehren,
- Intensivierung der aufsuchenden Sozialarbeit, um auf das Verhalten der Jugendlichen Einfluss zu nehmen.

Tertiärprävention

Die Tertiärprävention soll Rückfälle unter dem Gesichtspunkt der Resozialisierung und nicht in Form von Abschreckung verhindern. Stigmatisierungseffekte sollen vermieden werden. Darunter fallen der Ausbau der Diversion, der Täter-Opfer-Ausgleich und Schadenswiedergutmachungs-Programme, ambulante Angebote, aber auch alle stationären Maßnahmen.

Das bedeutet für die Graffiti-Szene:

- junge Sprayer sollen davon abgehalten werden, weiterhin illegal zu *taggen*,
- geständigen und bereitwilligen Jugendlichen soll die Möglichkeit der Diversion eingeräumt werden,
- die Jugendlichen sollen nicht stigmatisiert werden,

- die Einstellung des Verfahrens wird von ihrer Bereitschaft zur Schadensregulierung abhängig gemacht,
- ein Schadenswiedergutmachungs-Programm muss entwickelt werden,
- bei den Jugendlichen, die dazu nicht bereit sind, ist es erforderlich, weiterhin mit all den beschriebenen Sanktionen den Gerichtsweg zu gehen. Das gilt auch für Wiederholungstäter.

Die Anti-Graffiti-Konzeption des Landeskriminalamtes Nordrhein-Westfalen

»Da die Kriminalprävention für uns immer wichtiger geworden ist, hat das Landeskriminalamt des Landes Nordrhein-Westfalen 1998 ein Konzept für die Bekämpfung illegaler Graffitis erstellt, und danach arbeiten wir«, fährt Herr Hansen fort.

Dieses Konzept sieht pädagogisch begleitete, legale Sprayaktionen vor. Daneben soll im Sinne der primären Kriminalprävention über die Konsequenzen des illegalen Sprayens aufgeklärt werden. Die Zusammenarbeit mit Unternehmen und Institutionen(z. B. Bahn AG, Kaufhäuser) soll im Sinne der Sekundärprävention gesucht werden. Hier geht es um Objektschutz und technische Überwachungsmöglichkeiten. Außerdem soll das Anzeigeverhalten der Geschädigten gefördert werden. Im Rahmen dieses Konzepts wird auch empfohlen, die Wände mit so genannten »Opferschichten« zu versehen oder besprühte Wände durch leicht rankende Begrünung langfristig zu schützen. Die Schadenswiedergutmachung und die damit verbundene Möglichkeit der Einstellung des Verfahrens wird im Sinne der tertiären Kriminalprävention verstanden.

Im Gespräch mit Herrn Hansen wird klar, dass sich die Arbeitsweise der Polizei in den letzten Jahren erheblich verändert hat. Viele bekannte Sprayer erzählen immer noch von drastischen Polizeimethoden in früheren Zeiten. Es leben immer wieder Geschichten über Polizeibeamte auf, die Bilder namhafter Sprayer *crossen*, um sie so zu entwerten. »Das würden wir manchmal schon ganz gern tun, wenn uns so ein Sprayer wieder ärgert. Aber das ist mit unseren Polizeistrategien nicht vereinbar«, lacht Herr Hansen.

Wir verabreden uns mit dem Polizeibeamten und der Staatsanwältin für einen späteren Zeitpunkt. Frau Gerber will uns in den nächsten Tagen die Akten der DCA-Crew zuschicken. Danach wollen wir mit den Jugendlichen in die konkrete Schadensregulierung einsteigen.

Vernetzung tut Not – Tipps für die Polizeiarbeit

✽ Bundesweit sollten speziell geschulte Graffiti-Sachbearbeiter eingesetzt und entsprechende Anlaufstellen eingerichtet werden. Auch der Einsatz von Jugendkontaktbeamten hat sich bewährt und sollte bundesweit ausgebaut werden.

✽ Die Umstellung auf zeitgemäße Computertechnik und eine digitale Auswertung der *tags* ist erforderlich.

✽ Die lokale und regionale Vernetzung der Polizeiinspektionen muss verbessert werden, um Datenmaterial gezielt auswerten zu können.

✽ Es ist erforderlich, dass auch die Polizei Schadenswiedergutmachungs-Projekte befürwortet und entsprechende Projekte begleitet.

✽ Es ist zu begrüßen, dass die Polizei Informationen über das Thema Graffiti bereithält. Das Landeskriminalamt des Landes Nordrhein-Westfalen hat verschiedene themenspezifische Broschüren und Infoblätter herausgegeben.

✽ Der Kontakt zu den Jugendlichen sollte verstärkt und legale Projekte sollten unterstützt werden.

✽ Informationsveranstaltungen an Schulen haben sich bewährt.

✽ Geschädigte sollten über mögliche Sicherheitsmaßnahmen und technische Einrichtungen zur Abwehr neuer Straftaten aufgeklärt werden.

✽ Überall, wo es so genannte Ordnungspartnerschaften gibt, sollte die Polizei tragfähige Kooperationsmodelle initiieren.

Das Schadens-
regulierungs-
programm

Das Schadensregulierungsprogramm

Kontaktaufnahme mit den Geschädigten

Als die Akten vorliegen, werden wir tätig. Da jetzt alle Fakten und das Ausmaß der Schäden bekannt sind, fragen wir die Geschädigten, ob sie an einem Programm zur Schadensregulierung teilnehmen wollen.

Im Wesentlichen sind zwei Gruppen betroffen: mehrere geschädigte Privatpersonen sowie einige Unternehmen und Institutionen.

Geschädigte Unternehmen und Institutionen

Zu den geschädigten Unternehmen und Instituionen gehören die **Bahn AG**, die **Städtischen Verkehrsbetriebe**, die **Wasserwerke**, mehrere **Kirchen**, die **Müllentsorgung**, das **Deutsche Rote Kreuz**, der **Landschaftsverband**, einige **Wohnungsbaugesellschaften** und die **Stadtverwaltung**. Mit allen Betroffenen gilt es jetzt Kontakt aufzunehmen.

Bahn AG

Unser erster Besuch findet bei dem Verantwortlichen der Bahn AG, Herrn Rehberg, statt. Einrichtungen der Bahn waren in der Vergangenheit häufig Ziel illegaler Spray-Aktionen.

Das Gespräch findet in einer eher angespannten Atmosphäre statt. An eine Zusammenarbeit ist zunächst nicht zu denken. Herr Rehberg erzählt, dass gerade die Bahn als eine der am schwersten geschädigten Institutionen nie Schadensersatz erhalten habe.

»Leider werden viel zu wenige dieser Sprayer gefasst. Das Säubern der Züge und der Haltestellen kostet uns irrsinnig viel Geld, doch bereits nach wenigen Wochen ist wieder alles zugesprüht. Das ist schon ziemlich ärgerlich. Eventuell würden ja härtere Urteile die Sprayer abschrecken, aber zurzeit sind die Strafen ja ein Witz.«

Kontaktaufnahme mit den Geschädigten

Auch durch Reinigungsarbeiten werden Schäden reguliert: Es ist für die Jugendlichen allerdings weniger schmerzhaft, fremde statt der eigenen Graffitis zu entfernen.

Herr Rehberg will seinen Bereich geschützt wissen. Vermittlung scheint angesagt. Wir schlagen vor, dass die Jugendlichen den entstandenen Schaden wiedergutmachen sollen, das heißt, Züge oder Haltestellen säubern.

Dieser Vorschlag stößt nicht auf Gegenliebe. »Wir werden die Sprayer sicher nicht an die Züge lassen. Die Reinigung eines einzigen Zuges ist sehr teuer und das Verletzungsrisiko groß!«, sagt Herr Rehberg. »Und falls etwas passiert, greift sicherlich keine Versicherung, und dann sind wir die Dummen.« Nachdem offensichtlich einige Gründe gegen das Reinigen von Zügen sprechen, versuchen wir über eine alternative Möglichkeit nachzudenken. Nach Aussage der Ermittlungsakten haben die Jungs mehr als 200 m² Fläche beschmiert. Das entspricht etwa einem Bahnhof mittlerer Größe. Die Kosten für die Reinigung durch eine Spezialfirma sind beträchtlich. Wesentlich billiger wäre es, die Fläche von den Jugendlichen selbst säubern zu lassen. Deshalb versuchen wir Herrn Rehberg dazu zu bewegen, eine pädagogisch angeleitete Testreinigung durch die Sprayer zu unterstützen. Zwar bedarf es einiger Zeit und einer Menge guter Argumente, aber schließlich erklärt er sich einverstanden.

»Die Bahn stellt Putzmittel, den Hochdruckreiniger und entsprechendes Fachpersonal. Die pädagogische Betreuung erfolgt dann durch Sie, das Jugendamt«, fasst Herr Rehberg das Ergebnis zusammen. »Aber nur, wenn diese Probereinigung erfolgreich ist, werden wir darüber nachdenken, ob wir die Jugendlichen auch künftig zu Ersatzdiensten heranziehen werden.«

Diese Vereinbarung ist immerhin ein Anfang, und so bestimmen wir einen Reinigungstermin für das bevorstehende Frühjahr.

Städtische Verkehrsbetriebe

Nachdem wir mit so schnellen Resultaten nicht gerechnet haben, gehen wir positiv gestimmt zu dem anschließenden Treffen mit Frau Schwelm und Herrn Mader von den Städtischen Verkehrsbetrieben. Beide äußern sich sehr wohlwollend über unsere Aktivitäten.

Gleich zu Beginn fragen wir, ob die entstandenen Schäden auch durch die Jugendlichen beseitigt werden könnten. »Wir sind seit Jahren Anziehungspunkt für Graffiti-Sprayer. Kaum eine Bahn bleibt davon verschont. Insbesondere Schulbusse werden im Innenraum mit Eddingstiften beschmiert«, klagt Herr Mader. »Die Reinigung der bemalten Flächen erfolgt immer durch teure Spezialfirmen. Diese tragen resistente Schichten auf. Das erfordert Fachwissen, das die Jugendlichen wohl kaum haben.«

Im Lauf des weiteren Gespräches entwickeln wir gemeinsam Alternativen.

»Die Schadenssummen wurden bislang immer eingefordert. Meist handelte es sich nur um kleinere Beträge. Der Schaden in diesem konkreten Fall beläuft sich auf insgesamt DM 5 000. »Eine derartige Summe ist für Jugendliche astronomisch hoch«, sagt Frau Schwelm. »Aber ist es denn nicht möglich, den verstreuten Müll längs der Bahntrasse von den Sprayern entfernen zu lassen? Wir könnten eine Sicherheitskraft zur Verfügung stellen, damit an den Gleisen nichts passiert.«

Eine gute Idee! Anhand der Schadenssumme werden die abzuleistenden Stundensätze errechnet: Wir vereinbaren zwei Wochen Arbeit, und zwar für jeden der fünf Sprayer.

Als wir uns verabschieden, sind wir uns einig, dass diesem ersten Projekt weitere folgen werden.

Wasserwerke

Unseren nächsten Termin haben wir eine Woche später mit Frau Grundmann von den Wasserwerken. Um uns ein Bild von den Schäden machen zu können, besichtigen wir das Wasserwerk II und weitere Schadensorte.

Die Ergebnisse, die mit der Bahn AG und den Städtischen Verkehrsbetrieben erzielt wurden, überzeugen auch hier. So erhalten wir das Angebot, die Schäden durch Überstreichen wieder in Ordnung zu bringen. Frau Grundmann will sogar mit ihren Vorgesetzten sprechen, die von einer Kriminalisierung der Jugendlichen nichts halten, damit für die Sprayer einige legale Flächen zur Verfügung gestellt werden.

Diskussion mit weiteren Betroffenen

Nach den ersten positiven Ergebnissen haben wir die übrigen betroffenen Institutionen zu einem gemeinsamen Gespräch eingeladen. Schnell kommt eine lebhafte Diskussion auf.

Frau Wiegand von der evangelischen Kirche macht auf das Problem des Denkmalschutzes aufmerksam. Die meisten Kirchengebäude können nur mit Hilfe von Sandstrahlreinigern behandelt werden.

Auch Autobahnbrücken sind durch ein herkömmliches Verfahren nicht zu säubern, wie Herr Gärtner vom Landschaftsverband feststellt. Eine Reinigung erfordert die Absperrung des betroffenen Autobahnabschnittes, die Einrüstung der Brücke und umfangreiche Sicherheitsmaßnahmen.

Herr Meier vom Deutschen Roten Kreuz fordert einen finanziellen Ausgleich.

Herr Basten von der Müllentsorgung, sieht eine Schadensregulierung nur im Sortieren von Recyclingabfällen.

Bei den Wohnungsbaugesellschaften liegt eine besondere Situation vor. Hier erfolgt ein Regelanstrich meist in bestimmten Zeitintervallen. Das heißt, die Graffitis bleiben solange auf den Wänden, bis der nächste Regelanstrich fällig ist. Eine Reinigung außerhalb dieser Fristen würde zu teuer. Mögliche Regulierungen könnten hier nur in Form von sozialen Ersatzarbeiten erfolgen.

Ein ganz anderes Problem stellt sich der Stadtverwaltung. Zwar gibt es Ideen für eine direkte Schadenswiedergutmachung, aber es fehlt die Möglichkeit, auf finanzielle Forderungen zu verzichten.

Allgemeine Einigkeit besteht während der Diskussion darüber, dass für die Regulierung von Graffiti-Schäden neue Wege gefunden werden müssen. Da für jeden Betroffenen spezifische Schritte erforderlich sind, gilt es entsprechende Lösungen zu entwickeln.

Planung und Umsetzung konkreter Maßnahmen

Problematisch sind die finanziellen Forderungen, denn die Jugendlichen haben keine Möglichkeit, die geforderten Summen aus eigener Kraft aufzubringen. Deshalb wird ein entsprechender Fonds eingerichtet. Das Kapital stammt aus Geldbußen, die das Gericht verhängt. Für soziale Arbeitsleistungen der Jugendlichen wird ein Stundenlohn von DM 10 gutgeschrieben und mit der Schadenssumme bzw. den Aufwendungen für das Material verrechnet.

Am einfachsten ist eine Wiedergutmachung dort, wo bereits konkrete Vorschläge vorliegen. Sie dienen als Grundlage für die Planung entsprechender Regulierungsmaßnahmen.

Die Ausarbeitung einer den neuen Möglichkeiten angepassten Niederschlagungsverordnung dagegen nimmt viel Zeit in Anspruch. »Niederschlagung« heißt konkret, dass nach erfolgter Schadensbeseitigung auf finanzielle Forderungen verzichtet werden kann. Das aber sieht die bestehende Satzung der Stadtverwaltung nicht vor. Möglich geworden ist diese Änderung erst durch die Kooperation zwischen dem Rechts- und dem Jugendamt. Nun können Schäden durch entsprechende Ersatzleistungen behoben werden. Im Bereich der Unternehmen und Institutionen haben wir praktikable Ergebnisse erzielt.

Was aber kann man mit den geschädigten Privatpersonen vereinbaren? Lässt sich auch hier ein gemeinsamer Nenner finden?

Besichtigung der Schäden

Natürlich haben wir alle Pressemitteilungen über das Thema Graffiti verfolgt und wissen, dass viele Hauseigentümer wegen der vermehrten Sprayeraktivitäten der letzten Zeit sehr ungehalten waren. Uns fällt wieder Herr Bergmann ein. Mit Unbehagen denken wir an die notwendigen Gespräche mit den geschädigten Hauseigentümern.

Bislang kennen wir das ungefähre Ausmaß der Schäden nur anhand der Akten. Wir beschließen deshalb, zunächst alle Schadensorte zu begutachten, um bereits vor den Gesprächen kreative Ideen entwickeln zu können. Vielleicht lassen sich die Geschädigten ja auf eine Schadensregulierung ein.

So fahren wir durch die Vororte und besichtigen *zugetaggte* Häuserwände, Garagen, Mauern, Zäune sowie die Begrenzungsmauern zweier Speditionen. Fast resigniert fragen wir uns, wie viel Zeit es wohl erfordern wird, all diese Schäden zu beseitigen. Auch wissen wir noch viel zu wenig über die jeweils besten Reinigungsmöglichkeiten, denn jeder Untergrund besitzt spezifische Eigenschaften und erfordert darauf abgestimmte Mittel und Methoden.

Uns kommen Zweifel, ob wir uns mit unserem Projekt nicht übernommen haben. Haben wir zu viele Hoffnungen bei den Jugendlichen, den Eltern und den Institutionen geweckt? Können wir die Regulierung in einem vertretbaren Zeitrahmen abwickeln? Sind die Jugendlichen über einen voraussichtlich langen Zeitraum zu motivieren? Wird die

Schadensregulierung zur Zufriedenheit aller Beteiligten erfolgen? Und woher bekommen wir in dieser kurzen Zeit das nötige Fachwissen? Unsere Stimmung ist gedrückt angesichts so vieler ungelöster Probleme. Aber wir beschließen weiterzumachen.

Vor einem mit vielen *tags* beschmierten Haus bleiben wir stehen. Die gesamte Front ist mit Graffitis übersät, aber nur fünf davon stammen von unseren Jugendlichen. Und schon haben wir ein weiteres Problem. Was können wir mit dem Hauseigentümer aushandeln? Er ist sicher nicht zufrieden, wenn Matthias und seine Kumpels nur diese fünf *tags* entfernen, den Rest aber stehen lassen. Doch kann man von den Jugendlichen verlangen, eine ganze Wand zu reinigen, wenn sie nur einen Bruchteil des Schadens verursacht haben? Wir besprechen den Sachverhalt.

Uns ist klar, dass wir uns unbedingt noch einmal mit den Jugendlichen treffen müssen, bevor der Kontakt zu den Hauseigentümern hergestellt werden kann.

Graffitis flößen Angst ein

Noch während wir vor Ort diskutieren, bleibt eine ältere Dame neben uns stehen. »Ist das nicht eine Sauerei? Als alleinstehende Frau kann man sich doch kaum noch allein auf die Strasse trauen. Überall nur Müll und diese entsetzlichen Schmierereien.«

Wir kommen ins Gespräch und bereitwillig erzählt sie, dass sie vier Kinder großgezogen und mittlerweile bereits acht Enkelkinder hat. Sie erzählt von ihren Sorgen. »Früher gab es so etwas noch nicht! Kaum ein Tag vergeht, ohne dass in der Zeitung nicht etwas über Raub und Totschlag berichtet wird. Oft sind das Jugendliche. Aber die haben ja auch keinerlei Perspektiven. Was soll nur in Zukunft werden?« Sie macht sich ernsthafte Sorgen und gehört dabei sicherlich nicht zu denjenigen, die kein Verständnis für Jugendliche haben. Wir erfahren, dass sie abends vor lauter Angst nicht mehr aus dem Haus geht. Da sie kein Auto hat, ist sie auf die öffentlichen Verkehrsmittel angewiesen. »Und dann gehen Sie doch einmal durch die dunklen Straßen, überall Hauseinfahrten und Eingänge zu Parkanlagen. Die S-Bahn-Haltestellen sind einsam und schlecht beleuchtet. Überall schmeißen die Jugendlichen ihren Müll hin.« Wir erfahren, dass ihr auch die Graffitis Angst einflößen.

Wir können die Ängste nachvollziehen, auch wenn uns die Dame während des Gesprächs erzählt, dass sie noch nie selbst Opfer eines Gewaltdeliktes wurde. So wie diese Frau denken viele ältere Menschen, vor allem Frauen.

Wir versuchen ihr zu vermitteln, dass Graffitis mit diesen Ängsten nichts zu tun haben. Sprayer haben andere Gründe, wenn sie nachts vermummt durch die Stadtviertel ziehen. Unsere Erklärung ändert aber nichts daran, dass sie auch weiterhin völlig überfordert ist, zwischen Sprayern und möglichen Gewalttätern zu unterscheiden. Aber wer ist dazu schon in der Lage? Nachdenklich verabschieden wir uns von ihr.

Der Anblick von Graffitis und Müll löst bei vielen Menschen Angst aus.

Wann und warum haben Menschen Angst vor Kriminalität?

Opferforschungen in den USA belegen seit Jahren, dass Furcht vor Kriminalität nicht unbedingt mit tatsächlich vorgefallenen Gewalttaten zusammenhängt. Sie entsteht dort, wo in den Wohnorten eine generelle Destabilisierung festzustellen ist.

Verfallene Häuser, uneinsichtige Parks, verwahrloste Bahnanlagen und Müllansammlungen lösen in Verbindung mit Graffitis Angsträume aus. Noch größer wird die Furcht in den Bereichen, in denen bestimmte Randgruppen, wie etwa Junkies und Punker, ihre Treffpunkte haben.

Der Verwahrlosung folgt die Furcht vor Kriminalität.

Auch Täter-Opfer-Untersuchungen in Deutschland haben ergeben, dass ältere Mitmenschen vermehrt unter der Angst leiden, Opfer eines Gewaltverbrechens zu werden. Statistiken beweisen, dass Gewaltverbrechen meistens durch Menschen aus dem Freundes- und Familienkreis begangen werden. Trotzdem bezieht sich die Furcht auf die beschriebenen Phänomene.

Das liegt daran, dass jeder Mensch Gefahrenmomente individuell einschätzt und sich möglichst nicht einer bedrohlichen Situation aussetzen will, der er sich nicht gewachsen fühlt.

Ältere Menschen sehen ihre physischen Kräfte schwinden und wissen, dass sie möglichen gewaltsamen Angriffen nicht gewachsen sind. Mit diesen Ängsten kompensieren sie zudem die Furcht vor dem Tod.

Frauen leiden mehr unter diesen Ängsten als Männer. Sie fühlen sich nicht nur physisch unterlegen. Nach wie vor wirkt hier die über viele Jahrhunderte gewachsene soziale Verletzlichkeit von Frauen. Auch die Emanzipation hat an diesen Angststrukturen nichts ändern können.

Als Folge dieser starken Furcht vor Kriminalität sehen sich viele ältere Menschen in ihrer Bewegungsfreiheit eingeschränkt. Sie gehen nur selten aus dem Haus, fühlen sich in ihren Entscheidungen ständig beschnitten und sagen abendliche Termine ab. Um vermeintlichen Gefahren aus dem Weg zu gehen, meiden sie bestimmte Straßen und wählen Umwege, um ihr Ziel zu erreichen.

Angst ist ein schwieriger Lebenspartner. Sie führt zu Isolation und Vereinsamung.

Auch jüngere Frauen meiden nach wie vor Angsträume. Sie versuchen ihre Beweglichkeit zum Beispiel durch ein eigenes Auto zu sichern, parken, wenn möglich, nur auf speziell ausgewiesenen Parkplätzen. Nachtfahrten in öffentlichen Verkehrsmitteln wagen sie nur in Gruppen.

All diese Ängste sind ernst zu nehmen, schränken sie die Menschen doch in ihren Lebensmöglichkeiten extrem ein. Dass Menschen ungepflegte Straßen in der Dunkelheit nur mit Angst passieren, ist nachvollziehbar.

Treffen mit der DCA-Crew

Ende Februar 1999. Alle fünf Jugendlichen treffen pünktlich in unserem Büro ein. Wir informieren sie zunächst einmal über unsere Gespräche und besprechen die Aktenlage mit ihnen. Sie bekennen sich zu den Tatvorwürfen. Die einzelnen Jugendlichen haben unterschiedlich viele *tags* an unterschiedlichen Objekten gesprüht. Deshalb fragen wir sie, wie die Schäden reguliert werden können. »Wir sind eine *crew* und baden das gemeinsam aus«, sagt Chris. Die anderen vier stimmen ihm zu. Matthias bekräftigt den Gruppenbeschluss. »Wenn wir alle gemeinsam arbeiten, werden wir das in den Griff kriegen.« Jonas ist nachdenklich. Lange sagt er nichts. »Das wird ja Ewigkeiten dauern, bis wir alles wieder in Ordnung gebracht haben.« Dann stellt er die entscheidende Frage: »Wie zeitintensiv ist das eigentlich?« Alle schweigen, und wir können zunächst nur grob schätzen. Wenn alle gut mitarbeiten und das Wetter mitspielt, wird es wahrscheinlich möglich sein, innerhalb eines Jahres alle Schäden zu beseitigen. Dies ist eine vorsichtige Schätzung, und das wissen alle. Die Jugendlichen werden wahrscheinlich auf jedes Wochenende und die gesamten Ferien verzichten müssen. Aber eines ist allen klar: Das Projekt steht und fällt mit der Arbeitsbereitschaft und der Ausdauer der Jugendlichen.

Sollte dieses Pilotprojekt scheitern, sind auch mögliche Nachfolgeprogramme gefährdet. Mit der Umsetzung des Projektes wird automatisch auch die Öffentlichkeit für das Thema Graffiti sensibilisiert. Die Befürworter härterer Strafen hätten bei einem Scheitern weitere Argumente. Andererseits wird bei einem Gelingen des Projekts mit dem Thema Graffiti zukünftig sicher anders umgegangen. Nebenbei könnten so auch weitere legale Projekte gefördert werden. Es steht also viel auf dem Spiel – für die Jugendlichen, für jeden anderen ermittelten Sprayer und schließlich auch für uns, die verantwortlichen Projektbegleiter.

Die Jugendlichen diskutieren sehr ernsthaft mit uns. Sie sprechen über ihre Ängste vor Bestrafung und Schuldenbergen. Sie beteiligen sich konstruktiv an einer Lösung der bisher aufgetauchten Probleme. Alle sind sich darin einig, dass sie aktiv am Projekt teilnehmen wollen, und dies nicht nur, weil sie dann alle zu erwartenden Schulden begleichen können.

Wir sprechen von unseren Schwierigkeiten im Umgang mit diesem neuen Projekt. Gegenseitige Verlässlichkeit scheint das Wichtigste zu sein, damit die Schadensregulierung gelingen kann. Wir sind sehr darüber erstaunt, dass in der Gruppe ein positiver Teamgeist entsteht, in den wir einbezogen werden. Dennoch, die Hauswand mit den fünf *tags* ist die Nagelprobe. Alle denkbaren Lösungen stellen sich als gleichermaßen problematisch heraus:

»Wir schlagen dem Hauseigentümer vor, die Wand bis zum oberen Rand der Tür zu streichen. Dann sind alle *tags* weg. Wir können ja eine etwas andere Farbe nehmen, dann sieht das noch richtig gut aus. Der Besitzer muss aber die restliche Wand selber streichen. Natürlich machen wir dann die Arbeit, die eigentlich die anderen Sprayer, wenn sie bekannt wären, machen müssten. Aber alles andere bringt uns nicht weiter.« Matthias will endlich eine Lösung, und die anderen stimmen nach einer lebhaften Auseinandersetzung zu.

Wir werden den Vorschlag also mit dem Hauseigentümer besprechen.

Natürlich entstehen viele Materialkosten für Farben und Reinigungsmittel. Die Jugendlichen werden über den Täter-Opfer-Ausgleichsfonds und die Möglichkeit, darauf zurückzugreifen, wenn sie gemeinnützige Arbeiten ableisten, informiert. Die ungefähren Kosten werden geschätzt. Sie belaufen sich auf voraussichtlich 500 Arbeitsstunden. Das bedeutet: Jeder Einzelne muss 100 Stunden arbeiten.

Die Jugendlichen erklären sich bereit, schnellstmöglich mit der Arbeit zu beginnen. Die Wintermonate können für soziale Arbeit sinnvoll genutzt werden. Die tatsächlichen Reinigungs- und Malerarbeiten sollen aber erst im Frühling beginnen, da dann mit besserem Wetter zu rechnen ist.

Wir telefonieren mit einem Mitarbeiter einer sozialen Einrichtung. Dort wartet genügend Arbeit, die auch ungelernte

Kräfte verrichten können. Schnell vereinbaren wir, die Jugendlichen zu beschäftigen. Bereits am kommenden Samstag soll der erste Einsatz erfolgen.

Das nächste Treffen mit der DCA-Crew soll Mitte März stattfinden. Wichtig ist, dass wir die Jugendlichen ständig erreichen können – natürlich haben alle ein Handy. Chris will ständiger Ansprechpartner sein und die anderen über die Termine informieren. Das ist ein hervorragender Vorschlag und ein Zeichen dafür, dass sich die Gruppe ein Stück weit selbst organisieren wird.

Unsere Aufgabe ist es, in der Zwischenzeit mit den Privatgeschädigten zu sprechen und entsprechende Regulierungsvorschläge zu erarbeiten.

Kontaktaufnahme mit geschädigten Privatpersonen

Die geschädigten Privatpersonen werden nach Wohnorten aufgelistet, und eine entsprechende Adress- und Telefonliste wird angelegt. Jetzt rufen wir die Hauseigentümer der Reihe nach an und fragen, ob sie an einer Schadenswiedergutmachung interessiert sind.

Der erste Hauseigentümer ist am Apparat. Natürlich ist er zornig wegen der Graffitis. Andrerseits sieht er es als sinnvoll an, dass die Jugendlichen den Schaden selbst regulieren. Bei ihm wurden fünf Garagentore besprüht, und er ist damit einverstanden, dass diese im Rahmen des Programms gestrichen werden. Er erklärt sich zu unserer Überraschung bereit, auf eigene Kosten die Farbe selbst zu besorgen. Er wird auf seine Ansprüche verzichten, wenn die Arbeiten zu seiner Zufriedenheit ausfallen.

Auch die anderen Privatgeschädigten reagieren nach anfänglicher Skepsis kooperativ und verständnisvoll.

Der Eigentümer, dessen Hausfront besprüht worden war, ist mit einer Schadensregulierung sofort einverstanden. Die Idee, einen Sockel bis zur Oberkante der Tür zu streichen, findet er gut. Da er die Farbe selbst aussuchen möchte, wird er sie kaufen und anschließend in Rechnung stellen.

Ein anderer Privatgeschädigter möchte auf seiner Hauswand lieber ein legales Bild gesprayt haben, weil er befürchtet, sie könnte nach der Reinigung wieder besprüht werden. Er bewundert kunstvolle Graffitis und ist damit einverstanden, dass die Jugendlichen die Motive selbst wählen, bittet aber vor der Ausführung um eine Skizze.

Mit soviel positiver Resonanz haben wir nicht gerechnet. Aber gleichzeitig wird uns auch deutlich, dass die Geschädigten resigniert haben, weil sie sich im Stich gelassen fühlen. Umso dankbarer waren die Geschädigten, da sie nun erstmals ernst genommen wurden. Viele machten sogar spontan äußerst kreative Vorschläge.

Der Besitzer eines 60 m langen Zaunes war sofort damit einverstanden, dass die Jugendlichen die Renovierung in die Hand nehmen: »Unser Sohn ist jetzt 26 Jahre alt, und der war in seiner Jugend auch kein Engel.«

Wir rufen die beiden geschädigten Spediteure an. Hier sieht es etwas schwieriger aus. Die Speditionen sind in der gleichen Straße angesiedelt, und zusammen wurden ungefähr 500 m Begrenzungsmauer in unregelmäßigen Abständen besprüht. Da dies schon häufiger geschehen ist, haben sich die beiden darauf geeinigt, die Mauer in nächster Zeit durch Maschendrahtzäune ersetzen zu lassen. Trotzdem sind sie an einer Schadensregulierung interessiert, und wir einigen uns auf Ersatzarbeiten. Die Jugendlichen sollen bei dem einen Spediteur den Hof fegen. Der andere Spediteur macht den Vorschlag, dass die Jugendlichen an einem Samstag die Lkws waschen. Beide wollen anschließend auf weitere Forderungen verzichten. Da die Mauer demnächst sowieso abgerissen werden soll, geht es den Unternehmern lediglich um den pädagogischen Aspekt.

Eine andere Hauseigentümerin kennt die Sprayer-Szene. Ihr eigener Sohn ist beim Sprayen erwischt worden. »Ich kenne das Problem, und ich weiß auch, dass unsere Garage zum Sprühen einlädt. Sie liegt direkt an der Straße, auf dem Schulweg meiner Kinder. Neu streichen wäre Blödsinn, das wäre nur eine weiße Leinwand. Als mein Sohn jeden Tag gemalt hat, war ich manchmal sogar ganz froh. Er hatte immer was zu tun, und wissen Sie, er war echt gut. Seitdem er erwischt wurde, macht er das nicht mehr. Aber er ist irgendwie auch nicht mehr so kreativ wir früher.« Sie erzählt uns von ihren Sorgen, wie allein sie sich als Mutter in der Situation gefühlt hat. »Manchmal habe ich mir gewünscht, ich könnte mit den Leuten darüber reden, ob es keine Hilfe gibt. Nein, ich will keinen Schadensanspruch geltend machen.« Zu gut kann sie die Jugendlichen verstehen. Sie ist in zweifacher Hinsicht betroffen: als Mutter und als Geschädigte. Wir wollen bei unserem nächsten Treffen mit den Jungs den Vorschlag machen, sich bei dieser Frau persönlich zu entschuldigen und ihr einen Blumenstrauß zu bringen.

Fünf Hauseigentümer reagieren auch auf wiederholtes Anschreiben nicht.

Unter allen Geschädigten befindet sich lediglich ein einziger, der für eine alternative Regulierung nicht zu gewinnen ist. Die Renovierung seines Hauses hat DM 1 000 gekostet, und er besteht darauf, dass ihm dieser Betrag erstattet wird. Wir sichern ihm zu, dass die Jugendlichen die Kosten übernehmen und bitten ihn um eine Rechnung.

Insgesamt sind wir mit dem Erreichten sehr zufrieden. Fast alle beteiligen sich aktiv an Lösungsstrategien und bieten ihre Mithilfe an.

Unser Resümee: Einige Hauseigentümer hatten mehrfach Strafantrag gestellt, wenn ihr Eigentum besprüht worden war. Danach erhielten sie nur einen Bescheid über die Einstellung des Verfahrens. Klar, sie waren enttäuscht, und die meisten resignierten. »Wer hilft uns schon?«, war die häufigste Frage, die sie stellten. Nicht einer hätte die zivilrechtlichen Ansprüche eingeklagt, da sich keiner Erfolg davon versprach. »Das kostet doch nur eine Menge Geld, und dann ist bei den Jugendlichen nichts zu holen. Wann soll man denn das Geld wieder bekommen? Und außerdem ist die Hauswand dann doch schon längst wieder besprüht.« Viele Eigentümer fühlten sich der Situation hilflos ausgeliefert und gaben zu, dass sie deshalb auf Abschreckung durch härtere Strafen hofften. »Das ist Hilflosigkeit, sonst nichts. Irgendwie müssen wir doch auch mal Recht bekommen.«

Gerade von den Hauseigentümern wurde die Alternative durch das Schadenswiedergutmachungs-Programm begrüßt. Viele waren selbst Eltern, andere wollten den Jugendlichen nicht die Zukunft verbauen. Sie reagierten mit sehr viel mehr Entgegenkommen als wir es jemals erwartet hatten.

Eine begrünte Wand ist vor Graffitis geschützt.

Resignation ist der falsche Weg – Tipps für Geschädigte

Was ist zu tun, wenn Sie Graffitis an Ihrem Eigentum vorfinden?

- Zunächst sollten Sie das Graffiti fotografieren. Dies dient der Dokumentation.

- Sind Ihnen die oder der Verursacher bekannt, können Sie Kontakt mit den Eltern aufnehmen. Eventuell kann mit ihnen bereits ein Schadensausgleich vereinbart werden. In diesem Fall sollten Sie auf eine sofortige Reinigung dringen.

- Sind Ihnen die Sprayer nicht bekannt, sollten Sie Strafantrag bei der Polizei stellen. Das Schadens-Foto sollten Sie der Polizei übergeben. In einigen Städten werden die Bilder im Computer gespeichert, verglichen und möglichen Verursachern zugeordnet.

Tipps für Geschädigte

Die Entfernung von unerwünschten Graffitis ist kinderleicht.

- Verzichten Sie nicht auf Ihre zivilrechtlichen Ansprüche.

- Um Ihr Eigentum vor erneutem Besprühen zu schützen, können Sie gefährdete Flächen mit Lotusfarbe streichen, die eine mögliche Reinigung erleichtert. Nach Auftragen der Lotusfarbe ist zurzeit ein erneutes Besprühen nicht mehr möglich.

- Tipps zur Reinigung erhalten Sie von Fachleuten, die Ihnen die gängigen Reinigungsverfahren erklären. Die betreffenden Unternehmen sind in den Gelben Seiten des Telefonbuchs unter der Rubrik »Gebäudereinigung« und zum Teil sogar direkt unter dem Stichwort »Graffiti-Entfernung« zu finden.

- Falls Sie selbst aktiv werden wollen: Prüfen Sie zunächst den Untergrund beziehungsweise das Material der besprühten Fläche. Je nach Zustand und abhängig von den Spray-Lacken benötigen Sie unterschiedliche Reinigungsmittel. Testen Sie vor Beginn der eigentlichen Entfernung die Wirkung Ihres Reinigungsmittels zunächst an einem kleinen Stück.

- Hausbesitzer sollten Graffitis innerhalb von 48 Stunden beseitigen. Das gilt auch bei wiederholtem Besprühen. Also: Nicht resignieren! Denn Sprayer erlangen nur Anerkennung, wenn die Graffitis lange sichtbar bleiben.

- Mittlerweile bieten einige Versicherungen entsprechende Policen zum Schutz vor Graffiti-Schäden im Rahmen der Gebäudeversicherung an.

- Weiterhin bieten einige Gebäudereinigungsunternehmen mehrjährige Wartungsverträge an. Fragen Sie nach entsprechenden Garantien!

- Machen Sie Ihre Flächen auch durch entsprechende Bepflanzung für Sprayer unattraktiv.

Tipps für geschädigte Institutionen

Bahn und Bus

- Züge und Busse sollten in den Depots eng zusammenstehen. So besteht lediglich für außen stehende Fahrzeuge das Risiko, besprüht zu werden. Da Sprayer Fotos brauchen, um ihre Aktion in der Szene nachzuweisen, besteht für die innen stehenden Züge keine Gefahr.

- Eine Überwachung der ungeschützten Züge wird durch die Installation einer Videoanlage gewährleistet. Auch Haltestellen können auf diese Weise gesichert werden.

- Da es den Sprayern darauf ankommt, dass ihre Bilder von möglichst vielen Menschen gesehen werden, sollten besprühte Züge nach Möglichkeit nicht wieder eingesetzt werden. Hier gilt der Grundsatz: Graffitis sind sofort zu entfernen.

- Falls die Graffitis nicht umgehend beseitigt werden (können), besteht die Gefahr der Mehrfachbesprühung. Entscheidet man sich erst nach häufiger Übermalung zur Reinigung, wird die Substanz bereits verletzt sein, und eine zufrieden stellende Reinigung ist – je nach Untergrund – kaum noch möglich.

Container, Toilettenhäuschen usw.

- Graffitis sollen gesehen werden. Da bewegliche Gegenstände in relativ kurzer Zeit sehr häufig in unterschiedlichen Stadtteilen eingesetzt werden, sind sie bei Sprayern sehr beliebt. Eine Besprühung kann hier nicht generell ausgeschlossen werden, durch sofortige Reinigung kann jedoch der Verbreitung des Sprayernamens entgegengewirkt werden.

Der Einstieg in die Schadensregulierung

Anfang März 1999. Wir rufen Chris an und geben ihm den Zeitpunkt für ein weiteres Treffen durch. Er verspricht, die anderen zu informieren. Und es klappt. Zum vereinbarten Termin sind alle in unserem Büro versammelt. Es gibt die ersten konkreten Ergebnisse. Die Jugendlichen haben bereits jeweils 40 Stunden Arbeit absolviert. »Das ist eine ziemliche Drecksarbeit. Wir müssen alte Weihnachtsbäume schreddern«, sagt David. Aber trotzdem sind alle froh, dass schon so viele Stunden weg sind. Es ist also bereits jetzt möglich, die ersten Schadensersatzleistungen auszuzahlen. Wir entscheiden uns zunächst dafür, das Reinigen der Kleidercontainer des Deutschen Roten Kreuzes zu bezahlen. Die Forderung von DM 500 ist damit beglichen. Wir besprechen die kommenden Aktionen:

- In den Osterferien wollen wir die Vereinbarung mit den Städtischen Verkehrsbetrieben umsetzen. Vierzehn Tage lang soll der Müll entlang einer Bahnstrecke entfernt werden.
- Im Mai wollen wir einen S-Bahnhof reinigen.
- Dann, an mehreren aufeinander folgenden Samstagen, wollen wir die Forderungen der Privatgeschädigten erfüllen. Ein entsprechender Arbeitsplan wird erarbeitet und den Jugendlichen übergeben. Sie sind auch damit einverstanden, in den nächsten Tagen die Hauseigentümerin zu besuchen, die auf Schadensersatz verzichten will. Den Blumenstrauß wollen sie von ihrem Taschengeld bezahlen und sich bei der Dame entschuldigen.
- Für die Wohnungsbaugesellschaft soll in den Sommerferien ein Kindergarten komplett renoviert werden.
- Die städtischen Forderungen sollen durch das Streichen einer Turnhalle und einer Schulwand erfüllt werden.

Das Schadensregulierungs-Programm nimmt mehr und mehr Form an, und wir freuen uns über die gute Kooperation mit den Jugendlichen.

Konkrete Wiedergutmachung

In den Osterferien. Montagmorgen, 7.30 Uhr. Um die Gleise vom Müll zu befreien, stehen wir mit den Jugendlichen am vereinbarten Haltepunkt. Wir treffen mehrere Arbeiter, einen Gärtner und einen Sicherungsposten. Die Jugendlichen werden zunächst eingekleidet und ausgerüstet. Sie erhalten weiße Einweganzüge, Gummistiefel, Müllgreifer und jeweils einen blauen Plastiksack. Und schon geht's los.

Bei riskanten Reinigungsaktionen sind strenge Sicherheitskontrollen notwendig.

Im Gänsemarsch laufen wir die Bahntrasse entlang. Der Sicherungsposten ist immer auf Vorsicht bedacht. Jedes Mal, wenn eine Bahn kommt, pfeift er. Dann heißt es, schnell zur Seite zu gehen. Es liegt unglaublich viel Müll an den Gleisen. Selbst die Jugendlichen sind wütend über so viel Unrat. Ihren besonderen Unmut äußern sie über stinkende Bierdosen, die säckeweise aus den Gebüschen der Haltestellenaufgänge hervorgeholt werden. Kleinlaut geben sie zu, dass auch sie häufiger Müll in die Gegend geworfen haben, ohne sich je Gedanken gemacht zu haben, wer all das wohl wieder entfernt. Aber jetzt wissen sie es. »So etwas wird mir nie wieder passieren!«, ruft Jonas. Ob wir ihm das glauben sollen? Die zwei Wochen vergehen wie im Fluge. Natürlich sind unterwegs auch jede Menge Graffitis zu sehen. Und das sind dann die ersehnten Verschnaufpausen, in denen die Jugendlichen begeistert stehen bleiben und fremde *tags* entziffern.

Für die Jugendlichen, die es bisher gewohnt waren, vormittags in der Schule zu sitzen, ist die körperliche Arbeit anstrengend und mühselig. Aber sie bestärken sich gegenseitig und sind froh, als die Osterferien zu Ende gehen. Die Städtischen Verkehrsbetriebe sind zufrieden. Der erste Schritt ist getan, eine große Forderung erfüllt.

Mai 1999. Das Wetter spielt mit. Der S-Bahn-Haltepunkt liegt im Osten der Stadt. Die Anlage ist ungepflegt. Alle Mauern, Aufgänge und Wartehäuschen sind mit *tags* übersäht. Uns wird erst jetzt bewusst, wie viel 200 m^2 sind, und wir fragen uns, ob dieser Bahnhof mit nur einem Wochenendeinsatz zu säubern ist. Wir warten auf die Säuberungsgruppe der Bahn AG. Wieder werden Schutzanzüge ausgeteilt. Diesmal gibt es auch noch einen Mundschutz und Handschuhe.

Nach einiger Zeit kommt der Reinigungstrupp. Der Hochdruckreiniger und entsprechende Reinigungsmittel stehen bereit. Es folgt noch eine kurze Einweisung. Die Flächen müssen zunächst einmal mit Reinigungsmittel eingerieben werden. Danach muss man eine Viertelstunde warten, und anschließend heißt es schrubben. Das ist sehr anstrengend,

Der Einstieg in die Schadensregulierung

Zur Beseitigung besonders hartnäckiger Graffitis ist der Einsatz eines Hochdruckreinigers erforderlich.

und erst danach kommt der Hochdruckreiniger zum Einsatz. Die Jugendlichen wollen natürlich alle einmal den Hochdruckreiniger bedienen. Wasser übt auch auf Heranwachsende eine große Anziehungskraft aus. Etwas enttäuscht stellen sie fest, dass nicht alle Farbspuren beseitigt werden können.

Also: Noch einmal Reinigungsmittel auftragen und weiterschrubben. Am Abend des ersten Tages ist eine lange Fliesenfläche gesäubert, aber das Ziel ist noch weit entfernt. Erst nach zwei weiteren Wochenenden können wir der Bahn AG mitteilen, dass die Reinigung abgeschlossen ist.

Das Schadensregulierungsprogramm

Die Reinigung von S-Bahn-Aufgängen ist eine anstrengende Tätigkeit.

Die Arbeit mit den Jugendlichen macht Spaß. Alle sind zuverlässig und gut zu motivieren. Das Arbeitsergebnis kann sich sehen lassen.

Auch das Arbeitsprogramm für die Privatgeschädigten steht. Der 60 m lange Zaun soll in einer Gemeinschaftsaktion gestrichen werden. Für die Garagen und Hauswände hingegen reichen jeweils zwei oder drei Jugendliche. Deshalb beschließen wir, die Gruppe zu teilen. Wir wollen in erster Linie die Aktionen koordinieren und nicht jedes Mal vor Ort anwesend sein. So entsteht ein Einsatzplan, der die örtlichen Gegebenheiten berücksichtigt. Die Besprechung mit den Jugendlichen folgt. Alle Einsätze finden freitags und samstags statt.

Ermutigende Erlebnisse

Entscheidend ist die permanente Erreichbarkeit aller an der Aktion Beteiligten. Das erweist sich dort als wichtig, wo unerwartete Probleme auftauchen. So hat ein Eigentümer vergessen, Farbe zu besorgen, ein anderer will auf einmal zusätzlich eine zweite Wand gestrichen haben, eine Hauswand lässt sich nicht durch Reinigungsmittel säubern und muss später mit Farbe überstrichen werden.

Ein anderes Mal ist ein Gespräch mit einem Eigentümer notwendig, der ein legales Graffiti auf seiner Wand haben will. Die Jugendlichen erklären, dass sie das nicht mehr machen, nachdem sie beim Sprühen erwischt worden sind. Der Auftraggeber sieht das ein und verzichtet daraufhin sogar auf alle seine Forderungen. Gleichzeitig erklärt er, sein Angebot anderen Sprayern zu unterbreiten.

Auch bei den Privatgeschädigten finden die Sprayer viel Unterstützung. Manchmal bekommen sie sogar etwas zu essen oder zu trinken. Bei der Gemeinschaftsaktion am Zaun hilft der Hauseigentümer mit. Dies wiederum spornt die Jugendlichen an, möglichst gut zu arbeiten.

Auch in diesem Bereich ist der vorgegebene Zeitplan nicht einzuhalten. Es vergehen drei Monate, bis alle Arbeiten erledigt sind.

Begleitende Maßnahmen

Bei einem weiteren Treffen stellen uns die Jugendlichen viele Fragen zur Bewertung von Graffitis in Strafverfahren. Dabei stellen wir fest, dass die Jugendlichen in erster Linie Informationen aus zweiter Hand haben.

Bereits vorher haben wir uns die Frage gestellt, ob es ausreicht, die Schäden wieder in Ordnung zu bringen, ohne mit den Jugendlichen die Gesamtproblematik zu besprechen. Deshalb wird das Schadenswiedergutmachungs-Programm durch einen dreiwöchigen sozialen Trainingskurs erweitert. Diese Form der Gruppenarbeit gibt es im Bereich des Jugendgerichtsverfahrens in vielen Städten und wird üblicherweise als Sanktion durch den Jugendrichter verhängt. Eine solche Gruppenarbeit im Diversionsverfahren anzubieten ist neu, aber wie sich später herausstellt, sehr wichtig.

Die Gruppenarbeit wird auf drei Samstage verteilt und thematisch gegliedert. Teilnehmer sind die Jugendlichen der DCA-Crew. Am ersten Samstag ist ein Polizeibeamter zu Gast, der den Jugendlichen über das polizeiliche Ermittlungsverfahren Auskunft gibt. Am Nachmittag kommt der Jugendrichter und es werden die straf- und zivilrechtlichen Auswirkungen besprochen. Es folgt eine Diskussion. Der Vormittag des zweiten Samstags gehört uns. Wir sprechen über das Thema: Graffiti – Kultur oder Problem? Am Nachmittag erscheint ein Rechtsanwalt, der schon mehrfach Sprayer verteidigt hat. Der dritte Samstag steht unter dem Motto »Graffiti als Kunstform«. Ein weiterer Schwerpunkt der Gruppenarbeit ist die Suche nach alternativen Freizeitmöglichkeiten. Nachdem das Ermittlungsverfahren lief, sind alle Mitglieder der DCA-Crew aus der Graffiti-Szene ausgestiegen, haben aber keine vergleichbar spannende Freizeitbetätigung gefunden. Das ist nun ein zentrales Thema. Die Jugendlichen erzählen, dass die viele Arbeit sie zurzeit zwar sehr nerve, damit aber auch die Wochenenden gefüllt sind.

Der Kurs verläuft für alle positiv. Da auch die Mahlzeiten gemeinsam zubereitet und eingenommen werden, wächst die Gruppe noch enger zusammen.

Die letzten Arbeiten

Sommer/Herbst 1999. Der Kindergarten wird gestrichen. Ebenso die Turnhallenwand und eine Schulwand. Auch diese Aktionen werden zur vollsten Zufriedenheit aller Beteiligten beendet.

Ende 1999. Endlich ist es soweit. Die Jugendlichen haben alle Schäden abgearbeitet. Die finanziellen Forderungen sind ebenfalls beglichen.

Wir treffen uns ein letztes Mal mit den Jugendlichen. Alle, auch wir, sind traurig. Wir sind uns im Verlauf des Projekts näher gekommen und hoffen, dass künftige *crews* so motiviert und engagiert mitarbeiten. Das Projekt ist ein voller Erfolg, und auch die Medien haben es in den letzten Monaten positiv begleitet.

In der folgenden Zeit besuchen uns die Jugendlichen immer wieder. Und was ist aus Matthias, Sven, David, Jonas und Chris geworden? Mittlerweile gehen nur noch Sven und David zur Schule, die drei anderen machen eine Ausbildung.

Das Sprayen haben sie nicht ganz aufgegeben. Aber sie malen nur noch legal! Alle fünf machen jetzt Musik. Bislang wurde gegen keinen der Jugendlichen ein weiteres Ermittlungsverfahren wegen Sachbeschädigung eingeleitet. Und natürlich sind die fünf Jungs erwachsener geworden.

Projektauswertung

- Die Jugendlichen sind nach den erbrachten Arbeiten schuldenfrei.
- Sie organisierten sich selbst, der Gruppenzusammenhalt war stark, und die Jugendlichen waren bei der Arbeit hoch motiviert.
- Die Geschädigten fühlten sich ernst genommen und nahmen das Angebot der Regulierung sehr positiv auf.
- Da die Wetterverhältnisse ausgezeichnet waren, hat die Schadensregulierung ein Jahr gedauert. Bei schlechterem Wetter wäre ein längerer Zeitraum erforderlich gewesen.
- Durch entsprechende Öffentlichkeitsarbeit wurde ein starkes Interesse in der Bevölkerung geweckt.
- Die Polizei war sehr kooperativ, und mittlerweile wird bereits bei der polizeilichen Vernehmung auf die Möglichkeit des Schadenswiedergutmachungs-Programms hingewiesen.
- Die Staatsanwaltschaft ist bereit, auch zukünftig die Verfahren einzustellen, wenn eine Schadensregulierung erfolgt.

Das Schadensregulierungsprogramm

- Die Schadensregulierung erfordert zusätzliche personelle Kapazitäten im Jugendamt. Im Pilotprojekt wurden von den beiden Mitarbeitern jeweils 200 zusätzliche Arbeitsstunden geleistet.
- Politische Gremien befassen sich seitdem konstruktiv mit dem Thema Graffiti.
- Legale Projekte werden mittlerweile mehr gefördert. Es gibt viele Workshops in den Jugendzentren und darüber hinaus Großveranstaltungen zum Thema Graffiti.
- Der Dialog zwischen allen Beteiligten wurde gefördert, die Auseinandersetzung über das Thema versachlicht und das illegale Sprayen entkriminalisiert.

Graffiti ist eine Herausforderung – Tipps für Sozialarbeiter

- Jeder sollte sich darüber im Klaren sein, wie viele Hoffnungen mit einem Schadenswiedergutmachungs-Programm bei allen Beteiligten geweckt werden.
- Informationen über die Struktur der Graffiti-Szene sind für eine Projektplanung unabdingbar.
- Die Graffiti-Szene ist äußerst sensibel, und jeder Sozialarbeiter wird misstrauisch beäugt. Aber: Berührungsängste sind überflüssig, solange Grenzen nicht überschritten werden und die eigene Identität gewahrt wird.
- Sozialarbeiter, die sich den Jugendlichen nähern, sollten sich nicht anbiedern. Wir sprechen nicht die gleiche Sprache, und wir sind keine Jugendlichen mehr.
- Zur Entwicklung eines Schadenswiedergutmachungs-Programms müssen Gespräche mit allen Beteiligten stattfinden.
- Wer einen Jugendlichen im Schadensprogramm aufnimmt, muss wissen, dass er ihm elementare Strukturen, die seinen bisherigen Alltag prägten, nimmt. Alternativen zur Freizeitgestaltung müssen entwickelt werden, sonst wird der Jugendliche rückfällig.
- Auch Sozialarbeiter müssen sich über mögliche Reinigungsverfahren informieren.
- Das Schadenswiedergutmachungs-Programm bindet enorm viel Arbeitszeit. Deshalb sollte bereits im Vorfeld geklärt werden, wie Arbeitsentlastungen in anderen Aufgabengebieten aussehen könnten.
- Jugendämter sollten legale Sprayaktionen fördern.

Das Dortmunder Pilotprojekt

Dieses Buch ist auf der Grundlage unserer Erfahrungen mit der Graffiti-Problematik in Dortmund entstanden.

Nachdem Herr Dr. Behrens, Innenminister des Landes Nordrhein-Westfalen, 1998 eine Dortmunder Schule besucht hatte, fand das Thema Graffiti öffentliche Aufmerksamkeit. Das war der erste Impuls, um in dieser Angelegenheit tätig zu werden. Auf Initiative von Mechthild Greive, der Dortmunder Rechtsdezernentin, wurden alle mit dem Thema Graffiti befassten Gruppen angesprochen. Unter Federführung der so genannten »Partnerschaften für Dortmund«, an der Polizei, Bundesgrenzschutz, Staatsanwaltschaft, Jugendgerichtshilfe, Müllentsorgung, Bahn AG, Mitarbeiter der Jugendarbeit und Jugendförderung sowie Vertreter der Schulen mitwirken, wurde über ein entsprechendes Vorgehen gesprochen.

Das Thema »Graffiti« wurde dem bereits bestehenden Teilprojekt »Kinder, Jugend, Schule« zugeordnet. Neu daran war, dass hier erstmals alle Beteiligten an einem Tisch saßen. Damit war eine wesentliche Voraussetzung erfüllt: Erstmals konnten Lösungen erarbeitet werden, die den spezifischen Erwartungen aller Beteiligten gerecht wurden.

Es wurde vereinbart, zum einen legale Projekte unter pädagogischer Anleitung zu fördern und zum anderen stärker als bisher gegen das illegale Bemalen von Wänden vorzugehen.

Zeitgleich wurde im Dortmunder Westen ein Sprayer gefasst. Der überaus aktive Graffiti-Sachbearbeiter der Polizei meldete sich sofort bei der Jugendgerichtshilfe und fragte an, ob eventuell eine Schadensregulierung erfolgen könnte. Wir gaben grünes Licht, und der Beamte stellte dem Jugendlichen diese Möglichkeit in Aussicht. Erstaunlich war, dass sich daraufhin auch die restlichen vier Mitglieder seiner *crew* der Polizei stellten. Es folgte eine umfangreiche Ermittlungsarbeit. Als dann auch noch die Zusage der Staatsanwaltschaft erfolgte, dass bei einer aktiven Mitarbeit der Jugendlichen an der Schadensregulierung das Verfahren eingestellt werden könnte, wurde ein Modellversuch ins Leben gerufen.

Das zunächst auf ein Jahr begrenzte Pilotprojekt für die Schadensregulierung begann im November 1998 unter Federführung der Jugendgerichtshilfe.

Die erste Gruppe, die daran teilnahm, bestand aus fünf Sprayern, die sowohl Schüler als auch Auszubildende waren. Die polizeilichen Ermittlungen ergaben, dass sie im Dortmunder Westen in großem Umfang *getaggt* hatten. Die Gesamtschadenssumme belief sich auf geschätzte DM 250 000. Mit den Privatgeschädigten und den betroffenen Institutionen wurden Regulierungsvereinbarungen getroffen. Dann erfolgte die Wiedergutmachung aller Schäden durch die Jugendlichen.

Heute, zwei Jahre später, sind sie schuldenfrei.

Alle Geschädigten haben auf ihre zivilrechtlichen Ansprüche verzichtet. Das strafrechtliche Verfahren wurde im Zuge einer Diversion eingestellt. Ein jugendrichterliches Verfahren konnte somit umgangen werden.

Trotz aller Schwierigkeiten konnte das Projekt, nicht zuletzt aufgrund der guten Kooperationsbereitschaft aller Beteiligten, erfolgreich abgeschlossen werden. Deshalb wurde das Schadenswiedergutmachungs-Programm nach Ablauf der einjährigen Erprobungsphase als fester Bestandteil in die Jugendgerichtshilfe integriert. Seitdem haben eine ganze Reihe von Sprayern an diesem Programm teilgenommen, und alle Verfahren konnten eingestellt werden. Leider sind die personellen Kapazitäten in der Jugendgerichtshilfe bislang sehr begrenzt, und eine auf dieses Programm zugeschnittene Stelle konnte noch nicht geschaffen werden.

Das Schadenswiedergutmachungs-Programm ist auch weiterhin ein Teilgebiet der »Partnerschaften für Dortmund«. Regelmäßig wird in diesem Kreis die Wirksamkeit der eingeleiteten Maßnahmen erörtert, gleichzeitig aber werden neue Methoden entwickelt. Das ist allein schon deshalb notwendig, weil jeder einzelne Fall seine Eigenheiten besitzt und neue Fragen aufwirft.

Das Dortmunder Pilotprojekt

1999 erfolgte dann die Gründung des Vereins »Dortmund gegen Graffiti-Schmierereien e.V.«, der erste seiner Art in Deutschland. Mitglieder sind Institutionen, Geschäftsleute aber auch Privatpersonen. Der Verein, dem die Rechtsdezernentin der Stadt Dortmund vorsitzt, ist gemeinnützig und unterstützt sowohl das Schadenswiedergutmachungs-Programm als auch pädagogisch begleitete legale Projekte.

Die Durchführung des Pilotprojekts fand unter großem öffentlichen Interesse statt; die Zeitungen, ja selbst Funk und Fernsehen berichteten ausgiebig. Seitdem wächst das Interesse für das Thema »Graffiti« ständig.

Auch legale Projekte werden in Dortmund mittlerweile gefördert. Stellvertretend für eine ganze Reihe von Aktionen soll an dieser Stelle eine Großveranstaltung im Mai 2000 erwähnt werden. Dabei wurde die Stadthaus-Baustelle künstlerisch gestaltet. Rund 250 Sprayer stellten ihre Phantasie und Kreativität auf dem insgesamt 700 m langen Bauzaun unter Beweis. Hip-Hop-Bands wie Fettes Brot und Dike & Band sorgten für die angemessene musikalische Unterstützung der jungen Künstler. Mehr als 6 000 Jugendliche nahmen an dieser friedlichen Veranstaltung teil. Am Ende des Tages wurden die besten Graffitis prämiert. Bemerkenswert war, dass die Jury aus Mitgliedern der Polizei, der Ordnungsbehörde, einem Vertreter des Jugendamtes sowie einem bei den Jugendlichen sehr angesehenen, ehemaligen illegalen Sprayer bestand.

Nach dieser Aktion blieb die nähere Umgebung weitgehend sauber, lediglich einige kleinere Schmierereien wurden festgestellt. Der Erfolg dieser Veranstaltung hatte auch positive Auswirkungen auf die Diskussionen in den politischen Gremien. Seither finden in fast allen Stadtteilen legale, vom Jugendamt und von den Jugendkontaktbeamten begleitete Sprayaktionen statt. Aber trotz dieser Erfolge bleibt weiterhin viel zu tun, denn die Szene in der Sprayerhochburg Dortmund wächst ständig.

Lexikon der Sprayer-Sprache

battle	Wettkampf zur Ermittlung des besten Sprayers; hohes Ansehen ist das Wichtigste in der Sprayer-Szene
b-boy	eine szenetypische Figur, die eigentlich Breakdance-Boy heißt; sie zeichnet sich durch ihr Aussehen, ihre Kleidung und Hip-Hop-Gestik aus; oft werden b-boys als Motive in Bildern verwendet
Bild	identisch mit einem piece; dieser Ausdruck steht für großformatige Wandbilder
biten	bezeichnet das Kopieren der unterschiedlichen Stile oder Motive anderer Sprayer
blackbook	Skizzenbuch, das jeder Sprayer besitzt; darin finden sich neben den eigenen Kreationen, Widmungen und Fotos der gesprühten Graffitis auch Entwürfe von Freunden
blockbusters	gut lesbare Blockbuchstaben, die einen Schriftzug bilden
bogarting	das Stehlen von Malutensilien; Spraydosen und alles notwendige Zubehör sind ausgesprochen teuer
bomben	möglichst viele tags oder pieces hinterlassen, um in der Szene bekannt zu werden; hierfür werden ganze Straßenzüge, Stadtviertel, aber auch Depots oder Züge gebomt
bubbles	Blasen, vergleichbar den Sprechblasen eines Comics; runde, aufgeblähte Buchstaben, die nicht immer gut zu lesen sind
buffen	das Entfernen eines Graffitis – ein für Sprayer tragischer Moment

bunkern	die Lagerung von gestohlenen Dosen
can	Sprühdose
caps	Sprühköpfe der cans; ursprünglich wurden die Köpfe von handelsüblichen Haarpflegeprodukten verwendet; heute werden spezielle caps in Szeneläden angeboten
character	Figuren auf großflächigen Graffitis, die meist aus Comics stammen; oft werden aber auch b-boys verwendet
crew	Zusammenschluss bzw. Gruppe von Sprayern, die einen gemeinsamen Namen verwenden, der nur von diesen Sprayern gesprüht werden darf; der Name der crew ist nicht mit den Sprayernamen der einzelnen Sprayer identisch
crossen	die Entwertung eines Graffitis durch Übersprühen; crossen gilt in den Szene als Kriegserklärung
dissen	Abwertung eines Graffitis durch Anbringen einer verbalen Herabsetzung; als entwürdigend gilt die Bezeichnung toy
end2end	das Besprühung eines Eisen- bzw. S-Bahnwaggons unterhalb der Fenster; war die Zeit zu kurz, um einen ganzen Waggon zu besprühen, und wurde deshalb nur ein Stück unterhalb der Fenster fertig, ist das ein panel
fanzines	Graffiti-Zeitschriften, die vorwiegend Fotos gelungener Graffitis zeigen und über Trends sowie Szeneläden usw. berichten; sie sind an Bahnhofskiosken erhältlich und über das Internet zu beziehen
fame	es ist das Ziel eines jeden Sprayers, Ruhm zu erlangen: durch eine möglichst hohe Ver-

breitung der eigenen Graffitis, durch Aktionen an sehr schwierigen Stellen oder durch künstlerisch hochwertige Bilder

fat-caps breite Spühköpfe, um die Konturen der Buchstaben gut ausfüllen zu können

fill-ins das Ausfüllen der Buchstaben

getting fame siehe fame

going over das Übermalen schlechter oder verblasster Bilder durch anerkannte Sprayer, das mit Zustimmung der Szene erfolgt und keine Konsequenzen hat

hall of fame eine Art Galerie auf legalen und illegalen Flächen; es gibt sie in fast jeder Stadt, und nur die Besten dürfen dort malen

halfpipe Skaterbahn; Skater sind vielfach eng mit der Graffiti-Szene verbunden; oftmals sind Sprayer auch Skater

hip-hop eine Hauptströmung der gegenwärtigen Jugendszene; dazu gehören Musik, Tanz und Graffiti

jam Festival, auf dem gemalt und getanzt wird, in der Regel treten auch Musikgruppen auf

king König – jeder will es werden, und nur wenige schaffen es; nur wer die meisten Schriftzüge verbreitet, qualitativ hochwertige Bilder malt und an Extremstellen sprüht, erhält als Anerkennung von den anderen Sprayern symbolisch die Krone verliehen; eine offizielle »Krönung« findet nicht statt, Anwärter gibt es genug; um den Titel längere Zeit führen zu dürfen, müssen ständig neue Sprüh-Aktionen erfolgen

masterpiece Meisterwerk eines Sprayers

message	Mitteilung, die einem Bild hinzugefügt wird
oldschooler	die erste Sprayergeneration in den USA; auch die ersten deutschen Sprayer, die sich an ihnen orientierten, werden als oldschooler bezeichnet
outlines	Konturen der Buchstaben
piece	großformatiges Wandbild
racken	Stehlen von Materialien
respect	Anerkennung; guten Sprayern zollt die Szene Respekt – das Ziel eines jeden Sprayers
rooftop	Graffiti, das unterhalb eines Daches angebracht wurde
semiwildstyle	verfremdete, jedoch immer noch lesbare Buchstaben
simplestyle	eine gut lesbare Kombination aus bubbles und blockbusters
skinny-caps	spezielle Sprühaufsätz für das Malen von Konturen
styles	Oberbegriff, der die bestehenden Stilrichtungen zusammenfasst
soft-caps	spezielle Sprühaufsätze, die weiche Farbübergänge ermöglichen
subway art	»Untergrund-Kunst« – das Bemalen von U-Bahnen in New York
tag	Pseudonym oder Name, den sich ein Sprayer zulegt und verbreitet
taggen	das Verbreiten des eigenen Namens
throw up	schnelle, teilweise großformatige Schriftzüge, die unter Zeitdruck gemalt werden; throw ups bestehen nur aus Konturen und sind innen schraffiert

top2bottom	Teil eines Eisen- oder S-Bahnwaggons, der von oben nach unten durchgängig bemalt ist
toy	ein Anfänger oder ein schlechter Sprayer; wird ein Bild mit dem Wort toy übersprüht, ist es damit abqualifiziert
wholecar	ein Waggon, der vollständig besprüht ist; wird ein ganzer Zug besprüht – was aber nur sehr selten vorkommt –, spricht man von einem wholetrain
wildstyle	die einzelnen Buchstaben sind durch Pfeile und schmückende Elemente so stark verfremdet, dass sie nur sehr schwer lesbar sind
writer	Sprayer
writingname	Name des Sprayers
yard	Eisenbahndepot

Kontaktadressen

Jugendamt Stadt Dortmund
Ostwall 64
44122 Dortmund
Ansprechpartner:
Angelika Schmitt, Telefon (0231) 50–2 48 68
Wolfgang Patra, Telefon (0231) 50–2 34 51

Dortmund gegen Graffiti-Schmierereien e.V.
Hansastraße 95
44137 Dortmund
Vorsitzende:
Stadträtin Mechthild Greive
Telefon (0231) 50–2 20 32

Reinigungsfirmen

Sie sind unter den Rubriken »**Gebäudereinigung**« und »**Graffiti**« im Branchenfernsprechbuch der Deutschen Telekom zu finden.

Szeneläden

Die Adressen finden Sie in den **Sprayerzeitschriften**, die in der Regel an den Bahnhofskiosken zu erhalten sind (z. B. *backspin*) oder über das Internet bezogen werden können.

Weiterführende Literatur

Baacke, Dieter
Jugend und Jugendkulturen. Darstellung und Deutung.
Juventa Verlag, Weinheim und München 1993.
Eine pädagogische Abhandlung zum Sozialökologischen Raummodell mit einer Analyse der Jugendkulturen.

Biddulph, Steve
Jungen! Wie sie glücklich heranwachsen.
Beust Verlag, München 1998.
Das Buch für Eltern und andere Erziehende, die ihr Verständnis von Jungen grundlegend und positiv verändern wollen.

Brentzel, Marianne und Moormann, Hubert
Da Kukse Wa. Dortmunder Graffiti.
Tapir Verlag, Dortmund 1987.
Eine Beschreibung der Dortmunder Sprayer-Szene zu Beginn der 80-er Jahre.

Bundesministerium der Justiz (Hrsg.)
Diversion im deutschen Jugendstrafrecht. Thesen, Empfehlungen, Bibliographie.
Bundesministerium der Justiz, Bonn 1989.

Deppe, Jürgen
Odem – On The Run. Eine Jugend in der Graffiti-Szene.
Schwarzkopf & Schwarzkopf, Berlin 1997.
Die Dokumentation einer Sprayer Karriere bis zum Ausstieg aus der Illegalität.

Ehmann, Hermann
affengeil. Ein Lexikon der Jugendsprache.
Verlag C.H. Beck, München 1994.
Ein allgemeines Lexikon zur Entwicklung von Jugendsprache.

Höhn, Michael
Immer Ärger mit den Kids. Ratgeber Jugendkulturen.
PapyRossa Verlag, Köln 1995.
Eine Darstellung unterschiedlicher jugendkultureller Strömungen.

Janssen, Helmut und Peters Friedhelm
Kriminologie. Für Soziale Arbeit.
Votum Verlag, Münster 1997.
Aufsatzsammlung u. a. zur Kriminalprävention und Victimisierungsforschung.

Kößler, Hubert und Bettinger, Armin
Vatergefühle. Männer zwischen Rührung, Rückzug und Glück.
Kreuz Verlag, Stuttgart 2000.
Eine Abhandlung über die Ausbildung männlicher Identität.

Petri, Horst
Das Drama der Vaterentbehrung. Chaos der Gefühle – Kräfte der Heilung.
Herder Verlag, Freiburg 1999.
Eine Abhandlung über die Folgen einer vaterlosen Gesellschaft.

Schnack, Dieter und Neutzling, Rainer
Kleine Helden in Not. Jungen auf der Suche nach Männlichkeit.
rororo Taschenbuch, Reinbek bei Hamburg 2000.
Eine Abhandlung über die Ausbildung männlicher Identität.

Shell Jugendstudie
Jugend 2000.
Leske und Budrich, Opladen 2000.
Eine Untersuchung zum Verhalten Jugendlicher.

Thiele, Gisela und Taylor, Carl S.
Jugendkulturen und Gangs. Soziale Arbeit aktuell in Praxis, Forschung und Lehre.
VWB – Verlag für Wissenschaft und Bildung, Berlin 1998.
Eine Untersuchung über die Strukturen von Jugendkulturen mit einem Vergleich zwischen den USA und Deutschland.

Train, Alan
»Ablachen, Fertigmachen, Draufstiefeln«. Strategien gegen die Gewalt unter Kindern.
Beust Verlag, München 1998.
Wie Erziehende Opfern und Tätern wirkungsvoll helfen können.

Treeck, Bernhard van
Graffiti Lexikon.
Schwarzkopf & Schwarzkopf, Berlin 1998.
Ein umfangreiches Lexikon zur Graffiti-Sprache.

Bildnachweis

Hardy Ehlerding: 156, 157

Michael Irion: 2, 8, 12, 29, 42, 45, 76, 148

Jörg Kühn: 36 oben, 92 oben links

Werner Liesenhof: 27, 36 unten, 39, 41, 66, 73, 100, 126, Umschlag

Wolfgang Patra: 46, 121, 163, 164

Angelika Schmitt: 17, 22, 25, 32, 33, 35, 43, 63, 68, 75, 92 oben rechts und unten, 96, 97, 99, 120, 136, 138, 141, 147, 155, 161, 168, 170

Register

A

Angeklagter, Rechte 107, 111
Armut 90
Aufsichtspflicht der Eltern 116
Auftragsarbeiten, legale 30
Ausländer, Ausweisung 103
Autobahnbrücken 26, 32, 42

B

Bahn AG 72, 102, 140
Bahnanlagen 72
b-boy 34
Berliner Mauer 28
Berufsqualifikation 74
Betreuungsbesuche 103
biten 23, 41
blockbuster 32, 39 f., 125
bubbles 33
Bürgerliches Gesetzbuch 115 f.

C

characters 34
Clique 19, 48
Comicfiguren 34
Container 42
crew 16 f., 20 ff.
    Anonymität 20
    Ehrenkodex 20
    Familienersatz 20
    Gemeinschaftserlebnis 51
    Mystifizierung 20
    Name 17, 35
    Revier 44, 54
    Strukturen 20
crossen 56 f.

D

Dächer 32
Delinquenz 106
Denkmalschutz 143
Diversion 105, 109, 166

Dortmunder City Artists 16 f.
Dortmunder Schadenswiedergutmachungs-Programm 10, 14, 172 ff.
Drogenkonsum 85

E

end2end 47
Erwachsenenstrafrecht 103
Erwischtwerden, Gefahr des 47
erzieherische Maßnahme 49
Erziehungsregister 109 f.
fame 53
Familie 70
    Rollenbilder 82
Familienbetreuung 37
Familienhaftpflichtversicherung 116
Familienstrukturen 79
fanzine 27, 40
funktionsbestimmte Orte 71

G

Generationenkonflikt 95
Geschädigte 10, 102
    Gespräch mit 24
    Privatpersonen 102, 152 f.
    Unternehmen und Institutionen 140 ff.
getting fame 25
Graffitis
    als Angstauslöser 146 ff.
    als jugendkulturelle Strömung 9, 18 f., 69
    als Kunstform 28 f.
    als Sachbeschädigung 113
    Botschaften 16, 35
    Buchstabencodes 34
    crossen 17, 18
    dissen 18
    entfernen 24, 58, 161 ff.
    Grundstilrichtungen 31 f.

in der Schule 68 ff.
in Galerien 30
mit Heiligenscheinen 26
mit Kronen 26
Skizzen von 48
Stilmerkmale 31 ff.
territoriale Abgrenzungssymbole 76
und konventionelle Kunst 29
und Sucht 47 f., 57
und Werbung 30
Vermarktung von 30
Graffiti-Straftaten 109
Lösungsvarianten 52
Schäden 145 f.
strafrechtliche Bestimmungen 112 f.
zivilrechtliche Forderungen 115
Graffitiworkshop 43, 71

H

Haftung, gesamtschuldnerische 117
Haftungsansprüche von Kindern 116
hall of fame 25, 32
Hausdurchsuchungsbefehl 125
Heranwachsende, Definition 103
Hip-Hop-Bewegung 17, 34, 61
Hip-Hop-Musik 61
Hip-Hop-Szenekleidung 34

I

Individualität 28
Industriebrachen 72, 74
Initiationsriten 85

J

Jam 71, 73
Jugendamt 10
   Aktionsprogramm 78
Jugendarbeit 37
Jugendarbeitslosigkeit 74, 90
Jugendfreizeitstätten 43 f.
Jugendgang 89 f.
Jugendgericht 109 f.
   Verhandlungen vor dem 107
Jugendgerichtsgesetz 49, 103, 105
   Erziehungsgedanke 105, 115

Jugendgerichtshilfe 10, 37, 110
Jugendkriminalität 105, 123
   Dunkelfeldforschungen 106
Jugendkulturen 85, 89 f.
Jugendliche
   Abenteuerlust 20
   Abkapselung (vom Elternhaus) 52, 71, 80
   Aktionsradius 71
   Alltagsprobleme 20
   Berufsausbildung 48
   eigene Identität 51
   Feindbild Polizei 128 f.
   Freizeitverhalten 37
   Grenzerfahrungen 20
   Grenzübertretungen 20
   Handlungskompetenz 71
   Handlungsspielraum erweitern 70
   Identitätsphase 19
   Individualismus 75 f.
   individuelle Sozialisation 51
   Integrationsfiguren 86
   Lebensphasen 70
   Leistungsanforderungen 83
   Medienkonsum 37
   Rollenerwartungen 83
   Selbstwertgefühl 84
   Sozialräume 70
   Straftaten 90
   Verhaltensauffälligkeiten 78
   Verhältnis zu Macht und Gewalt 90 f.
   Verhältnis zur Mutter 83
   Verweigerungshaltung 75
   Zukunftsängste 19
Jugendprozess 110 f.
   Bewährungsstrafe 112
   Geständnis und Strafmaß 111
   Jugendstrafe 112
   und Jugendgerichtshilfe 110
Jugendrichter 110
jugendrichterliche Weisungen 105
Jugendschöffengericht 102, 110
Jugendsprache 61
Jugendstrafe 102
Jugendstraftatbestände 123
Jugendtümlichkeit 103
Jugendkriminalität 106

K

Keith Haring 28
king, Definition und Bedeutung 25 f.
Kleidung (als Identifikationsmerkmal) 62
Kommunikationstechnologien, moderne 61
Kriminalität, Angst vor 148 f.
Kriminalprävention 131 ff.
  Primärprävention 133
  Sekundärprävention 133 f.
  Tertiärprävention 134 f.
Kriminalstatistik 131 f.

L

Lackdosen 14
Landeskriminalamt Nordrhein-Westfalen (Anti-Graffiti-Konzeption) 135 ff.
Landschaftsverband 143
Legalbewährung 107

M

Mädchen (Sozialisation) 106
Männerbild 82, 87 f.
Männlichkeit 85
masterpiece 25
messages 35
Mobilität 74
Müllentsorgung 102
Mutter (Erziehungskompetenz) 88

N

Narzissmus 76
Niederschlagungsverordnung 144

O

Objektschutz 135
Offizialdelikt 115
ökologische Ausschnitte 70
ökologischer Nahraum 70
oldschooler 31

P

piece 25, 43, 55

Polizei 10, 15, 51
  Anti-Graffiti-Strategie 129
  erkennungsdienstliche Behandlung 107
  Ermittlungen 52, 102, 125, 127
  Graffiti-Sachbearbeiter 128
  Jugendkontaktbeamte 123 f.
  Jugendsachbearbeiter 123
  Polizeigewahrsam 15, 107
  Umgang mit Jugendlichen 124
  und Graffiti-Straftaten 123 ff.
  und legales Sprayen 129
  unverhältnismäßiges Handeln 127 f.
  Vernehmungen 107
polizeiliches Führungszeugnis 109
Pubertät 82, 84

R

Rollenbilder 95
  tradierte 86
Rollenidentität, männliche 88

S

Sachbeschädigung 49, 109
  Gestaltungswille des Eigentümers 114
  Gutachten 114
  Strafgesetzbuch 113 f.
  Substanzverletzung 114
  Tatbestandfeststellung 114
  Verunstaltung 115
  Zustandsveränderung 114 f.
Sanktionen
  Abschreckung 108
  Dauerarrest 108, 112
  Freizeitarrest 108, 112
  Geldbuße 111, 144
  jugendrichterliche 111 f.
  Kurzarrest 112
  soziale Arbeitsstunden 144
  soziale Gruppenarbeit 111
  strafrechtliche 102
  Vergeltung 108
  Zuchtmittel 10, 108
Sanktionserwartungen 107
Sanktionsmöglichkeiten 103
S-Bahn 42
Schadensersatzansprüche 115

Schadensersatzpflicht (BGB) 115 f.
Schadensregulierung (Maßnahmen) 160 ff.
Schadenssummen 102, 142
Schadenswiedergutmachung
   alternative 104 ff.
   durch Arbeitsleistung 119 f.
Schadenswiedergutmachungs-Programm 104, 120
   Materialkosten 151
   Pilotprojekt 150, 171
   Projektauswertung 167
Schallschutzmauern 32, 72
Schule 43, 61
   Kunstunterricht 43, 68
   legales Sprayen 68
   Leistungsanforderungen 85
   Projektwochen 68
Schulweg 41
Selbstbehauptung 35
semiwildstyle 34
Shell-Studie 37
simplestyle 33
sozialer Raum (Aneignung) 72
Sozialökologisches Raummodell 70 f.
Sprachkultur 61
Sprachwissenschaftler 61
Sprayen
   illegales 43
   legales 43, 59
Sprayer
   Abenteuerlust 15
   Aktionsfeld erweitern 41
   Anfänger 23, 40
   Angst 50
   Anonymität 23
   Bedeutung des Namens 51
   eigener style 31
   Erwerb von Materialien 59
   Graffiti-Fotos 47
   Interview mit 53 ff.
   Kleidung 27, 40
   kommerzielle Absichten 30
   Kriminalisierung 143
   Laufbahn 38 ff.
   Lebensphilosophie 76
   Lokalpatriotismus 73 f.
   Missachtung von Behörden 77
   Mobilität 41
   Nachwuchssprayer 40 f., 44
   Probleme im Alltag 56
   psychische Abhängigkeit 48
   Revier 30
   Selbstbewusstsein 26
   Selbstdarstellung 52, 76 f.
   Standardausrüstung 14
   Verhalten gegenüber den Eltern 64
   Verhalten gegenüber der Polizei 64
   Verhalten gegenüber Geschädigten 65
Sprayer-Szene
   Anerkennung in 25, 41, 44, 51
   Auseinandersetzungen in 18, 45
   Ausstieg aus 49, 65
   Codes 38
   Ehrenkodex 77
   Generationenwechsel 27
   Gesetze und Regeln 18, 57
   Gewalt 45, 76
   Hintergrundinformationen über 53
   interne Strukturen 16, 47, 52
   Kleidung 62
   Sprache 60
   Szeneläden 27
   Treffpunkte 20
   Trends 40
   Wettbewerb in 18, 26, 44 ff., 53, 57, 72
   Zugang zu 50
Sprühaufsätze 14
Sprühdosen 41
Sprühversuche, erste 23
Staatsanwaltschaft 10, 49, 78, 102 ff., 109
Städtische Verkehrsbetriebe 142
Stadtverwaltung 144
Statussymbole 90
Strafantrag 115
Strafanzeige 97, 118
Straffälligkeit Jugendlicher und Heranwachsender 105
Strafgesetzbuch 49, 112
   gemeinschädliche Sachbeschädigung 113
   Sachbeschädigung 113
Strafmündigkeit 103

Strafrecht 118
Straftat 58
Strafverfahren 49, 118
　Einstellung des 108 f., 118
Strafverfolgung 115
Strom- und Wasserwerke 102
Stromkästen 42
Sturmmasken 14
style 31 f.
Subkultur 37 ff.
　Weg in die 85

T

Täter-Opfer-Ausgleichsfonds 151
throw ups 33, 42
Tipps
　für die Polizeiarbeit 137
　für Eltern 93 f.
　für Geschädigte 155 ff.
　für Juristen 122
　für Lehrer und Erzieher 95 ff.
　für Sozialarbeiter 169
　für Sprayer 63 ff.
top2bottom 47
toy 22 f., 40, 54
Trainingskurs, sozialer 165
Triangulierungsphase 87

U

Überwachungsmöglichkeiten, technische 135
Unterprivilegierung 91

V

Vater (Erziehungsarbeit) 87
Vater-Sohn-Konflikt 71, 78 ff., 88 f.
Verdunkelungsgefahr 125
Verelendung 90
Verknüpfung von Tat und Strafe 108
Verselbständigungsphase 71
Verständigungsmodell 10
Vorsorge, elterliche 86

W

Wandbild 43
Wasserwerke 143
wholecar 47
Wiederholungstäter 109
wildstyle 34
Wohlstandsgesellschaft 90
Wohnungsbaugesellschaften 102
writer 35, 39, 42
writer corners 72

Y

yard 46

Z

Zigarettenautomaten 42
Zivilrecht 118
zivilrechtliche Forderungen 115, 118
　Mahnverfahren 117
Züge 32 f., 42, 46

Steve Biddulph
Jungen! Wie sie glücklich heranwachsen

In diesem Buch widmet sich Biddulph einem bislang vernachlässigten Thema: der Situation der heutigen Jungen.

tz, München
»*Ein Buch, von dem sich Erwachsene wünschen, ihre Eltern hätten es gelesen.*«

Jungen bis 18 Jahre sind statistisch dreimal häufiger als Mädchen in Gefahr, sich lebengefährlich zu verletzen. Nur noch 45% aller Studenten und 43% aller Abiturienten sind junge Männer. 80% aller Hauptschulabgänger ohne Abschluss sind Jungen. 80% aller Schüler mit Verhaltensauffälligkeiten oder Lernschwierigkeiten sind Jungen: Diese Zahlen sind deutliche Alarmzeichen.

In seinem bahnbrechenden Ratgeber gelingt es Steve Biddulph, ein völlig neues Bild unserer Jungen zu vermitteln. Und er macht Vorschläge, wie Erziehende den Jungen helfen können, Wege aus Problembereichen wie Lernschwierigkeiten, Verhaltensauffälligkeit, aber auch Drogen und Gewalt zu finden.

Paperback   235 S.   45 farb. Illust., 25 Fotos   15 x 23 cm
DM 29,80   SFr 27,00   ÖS 218,00   € 14,90   ISBN 3-89530-019-5

Alan Train
Ablachen, Fertigmachen, Draufstiefeln

Dieses Buch ist eine Ermunterung an betroffene Eltern und Schulen, dem Phänomen der Gewalt unter Kindern kühlen Kopfes entgegenzutreten.

Psychologie heute:
»*Das Buch zeigt vielfältige, in Familie und Schule umsetzbare Antigewaltstrategien wie etwa Konfliktberatung und Schlichtungsprogramme.*«

Das Klima der Gewaltbereitschaft, das Kinderzimmer, Kindergärten und Schulen erfaßt zu haben scheint, erfordert kein Wehklagen, sondern mutiges und tatkräftiges, aber auch kluges und einfühlsames Eingreifen von Seiten der Erwachsenen.
 Alan Train, langjähriger Direktor einer Schule für Kinder mit Verhaltensauffälligkeiten, zeigt Eltern, Lehrern und Erziehern, wie man die destruktiven Kräfte gewalttätiger Kinder in konstruktive Bahnen lenkt und Opfern den Rücken stärkt.

Paperback   240 S.   35 s/w Illustr.   15 x 23 cm
DM 29,80   SFr 27,00   ÖS 218,00   € 14,90   ISBN 3-89530-016-0

Gisela Preuschoff
Störenfriede, Nervensägen, Quälgeister

Immer mehr Kinder fallen durch aggressives und unruhiges Verhalten auf. Sie sind von Ängsten geplagt und können sich schlecht konzentrieren. Zu schnell werden diese Kinder oftmals mit dem Krankheits-Etikett ADS belegt.

Gisela Preuschoff, bekannte Familientherapeutin und Autorin von mehr als 30 Büchern, zeigt in ihrem neuesten Werk im Rahmen von KidsWorld, dass es andere Wege gibt, wie diesen Kindern geholfen werden kann.

In leicht nachvollziehbarer und verständlicher Form bietet dieses Buch Eltern und Erziehenden sieben Schritte an, die sie mit den ihnen anvertrauten Kindern gehen können.

Viele Fallbeispiele und praktische Hilfen durch die Heilpädagogin und Co-Autorin Rona Mohr machen das Buch zu einem praktischen und übersichtlichen Elternratgeber in typischer KidsWorld-Manier.

Paperback   208 S.   2-farb., 35 Illust./Fotos   15 x 23 cm
DM 29,80   SFr 27,00   ÖS 218,00   € 14,90   ISBN 3-89530-058-6